DARIO FO

# Caravaggio al tempo di Caravaggio

Published by arrangement with Atlantyca S.p.A., Italy

Special school edition for school's libraries only

Original Title: Caravaggio al tempo di Caravaggio
Text by Dario Fo
Illustrations by Dario Fo
Edited by Franca Rame



浙 江 省 版 权 局
著作权合同登记章
图字：11-2015-105号

达里奥·福聊绘画大师

# 卡拉瓦乔

[意] 达里奥·福 著
孙迎辉 译

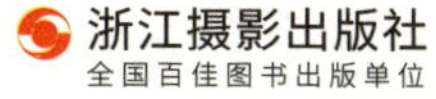

责任编辑：林味熹
责任校对：高余朵
装帧设计：杨　喆
责任印制：朱圣学

**图书在版编目（CIP）数据**

卡拉瓦乔 / (意) 达里奥 · 福著 ; 孙迎辉译. -- 杭州 : 浙江摄影出版社, 2019.1（2020.9重印）
（达里奥 · 福聊绘画大师）
ISBN 978-7-5514-1981-9

Ⅰ. ①卡… Ⅱ. ①达… ②孙… Ⅲ. ①卡拉瓦乔(Caravaggio, Michelangelo da 1573-1610) – 生平事迹 Ⅳ. ①K835.465.72

中国版本图书馆CIP数据核字(2017)第250680号

DALIAO FU LIAO HUIHUA DASHI
达里奥 · 福聊绘画大师
KALAWAQIAO
卡拉瓦乔

[意] 达里奥 · 福　著
孙迎辉　译

全国百佳图书出版单位
浙江摄影出版社出版发行
地址：杭州体育场路347号
邮编：310006
电话：0571-85151082
网址：www.photo.zjcb.com
制版：浙江新华图文制作有限公司
印刷：三河市兴国印务有限公司
开本：710mm × 1000mm　1/16
印张：10
2019年1月第1版　2020年9月第2次印刷
ISBN：978-7-5514-1981-9
定　价：56.00元

# 目　录

# 前 言

55年前，我还是米兰布雷拉美术学院的学生，而雷纳多·巴拉斯坎多也刚二十岁出头。当时我们正受邀参加一个重要画展的开幕仪式，这个展览正是卡拉瓦乔的作品展。作为青年学生，我们第一次有机会近距离欣赏这位伦巴第绘画大师的珍贵画作，卡拉瓦乔毕生作品中的半数多都在那次展览中展出。整个第二次世界大战期间，这些作品都被封存于地下仓库，只有少数几位老师有幸亲眼得见其中的寥寥几幅画作。那次展览不仅对我们学生，甚至对老师而言都是一次千载难逢的机会，那种激动与震撼无以复加。近年来，卡拉瓦乔的作品多次展出，但展品数量与连贯性都差强人意。举办卡拉瓦乔专题作品展的客观困难在于：画家的作品分散地保存于世界各地不同的博物馆，而这些博物馆大多拒绝出借馆藏的卡拉瓦乔画作。许多研究卡拉瓦乔的学者断言，完整展出卡拉瓦乔生平画作的唯一可能是收集并展览卡拉瓦乔画作的仿造品、复制品，只有通过这种荒谬的方式，才能一件不落地囊括卡拉瓦乔的画作。

几年前，雷纳多·巴拉斯坎多在意大利国家电视台教育频道工作，他运用高清数字技术，将意大利绘画史上数千幅名家名作电子化，呈现于显示屏上。这些电子画作大小与真品无异，顺利解决了上述难题。有了成功经验，雷纳多决定继续与意大利国家电视台合作，举办题为“不可思议的展览”的卡拉瓦乔作品展。2003年4月5日，在坎帕尼亚大区政府的支持下，卡拉瓦乔系列作品展在那不勒斯开幕。展览囊括了卡拉瓦乔自来到罗

图1　佛罗伦萨，马鲁切利图书馆
奥塔维奥·莱昂尼（1587—1630），《卡拉瓦乔肖像》

马（时年约二十岁）直至 1610 年去世之间的全部画作。

卡拉瓦乔系列作品展给公众带来了前所未有的冲击：画家卓尔不群的形象栩栩如生，他对光线明暗与几何构图的运用无人可及，强烈的悲剧色彩、浓烈的色调使他的画作充满张力。

那不勒斯展结束后，意大利其他城市也纷纷预约承办“不可思议的展览”，甚至连美国与日本的一些知名博物馆也发来邀请。

罗马市政府也积极筹划展览，并选定了圣天使堡作为展出地点。17 世纪初期，卡拉瓦乔正被关押于圣天使堡的隔离牢房中。画展的受欢迎程度远远超出预期，最终展出的时间延长为原定的两倍之久。

在罗马的卡拉瓦乔画展开幕之际，巴拉斯坎多邀请我进行一场以卡拉瓦乔为主题的讲座，听众约几千人，免门票费。为了配合意大利国家电视台的录制，讲座最终连续举办了三晚。

卡拉瓦乔的作品绘制时间间隔很短，他仿佛从未停止创作。面对他一系列的作品，我们不禁心生好奇，画家是如何在如此短的时间内（大约二十年间，甚至更少），完成了如此庞大数量的画作。不同画作之间风格迥异，不少画作经过反复修改，构图手法与画面意境经历了翻天覆地的转变。更值得一提的是：卡拉瓦乔曾在意大利中南部和西西里岛流亡，头部甚至遭遇过致命一击，这些都未中断他艺术创作的脚步。

这也正是卡拉瓦乔绘画展的“不可思议”之处：画

展完整地讲述了卡拉瓦乔从出生到逝世的人生经历，通过跨世纪的艺术杰作，再现了他戏剧性的传奇人生。

弗朗卡·拉梅协助我完成了同样是“不可思议”的卡拉瓦乔讲座。她作为我的助手，与我一同登上了讲台，为我当提词员也是她一直以来的梦想！

最后要说的是：我在讲座上演讲的内容与我书中叙述的相同，介绍都以文字配图的形式呈现。

达里奥·福的卡拉瓦乔讲座（2003年12月27日在罗马音乐厅举办）由意大利国家电视台第三频道录制并播出，文字刊载于《联合报》。

SPIRITO VIOLENTO
E STRAVAGANTE
1600-BASTONATE A
CERTO
GIROLAMO

图 2

# 残忍与疯狂



人们常常夸张地、甚至洋洋得意地说，米开朗基罗·梅里西·达·卡拉瓦乔（1571—1610）是个暴力的人，他有点精神失常，易怒且暴躁。总之，卡拉瓦乔是被魔鬼控制的天才艺术家。（图 2）

许多人物传记都记载了卡拉瓦乔的恶行，仿佛这是一个司空见惯、毋庸置疑的事实。

天啊！可以肯定的是，卡拉瓦乔一定不是沉静、随和的人。与人意见不合时，他很少妥协，也并不爱通过讲道理来说服别人，因而从小就被冠上了“疯子”的名号。

但为了对他的所作所为做出客观正确的评价，我们还是应该将其放置于历史背景下综合分析。

那么，16 世纪末，当卡拉瓦乔从米兰来到罗马，梦想成为首屈一指的画家时，罗马的政治、经济、社会环境又是怎样的呢？在卡拉瓦乔眼中，罗马遍地是宗教遗址、文物古迹，但因为大众的忽视以及地震的侵袭，这些古迹惨遭损毁。罗马当时约有六万居民，仿佛一座喧闹的岛屿，披着华丽、宏伟的建筑外衣，但内部已是残破不堪。人们行走其中，就好像雏鸡从翻了个的巨大鸡窝底部走出来一样。

总之，罗马见证了一个古老辉煌文明的兴衰，它孤独地立于一片广阔的田野之上，这片土地并不总是肥沃富饶，周围也遍布着大面积的沼泽与草甸。作为古代帝国的首都，罗马的人口只剩下米兰的一半不到，更不及威尼斯、那不勒斯的四分之一。罗马的自然与商业资源相对匮乏，人们为了生计东奔西走，而各类流氓、强盗、小偷等则经常与罗马警察、教皇护卫作对，就好像是戏剧里的幕间表演，他们总在迎接重要人物的游行队列、奢华庄重的葬礼或送葬队伍中制造流血冲突。

值得关注的一点是：在卡拉瓦乔所有的悲剧主题画作场景中，如逮捕耶稣基督或处死年轻的圣露西娅，画面中的官员与士兵都身着盔甲，盔甲的风格样式明显有异于17世纪教皇扈从的盔甲。

## 卡拉瓦乔时代的罗马

上文说到，卡拉瓦乔时代的罗马并不太平，充满了令人毛骨悚然的暴力。

每天都有人死于谋杀，伤情严重、奄奄一息的伤者也是司空见惯。败血症的爆发导致了大面积的死亡；强暴女性更是每天的家常便饭；士兵与地痞流氓冲突不断，打架斗殴永无休止。（图3）

为了打击暴力行为，罗马市区逐渐形成了两股势力，连底层人民也卷入其中。这两方力量分别由主教与君主带领：前者意图制造声势，推举西班牙主教成为新任教皇；而后者则公开反对西班牙主教，支持拥立法国主教接任教皇。这场对立导致成片的房屋付之一炬，无数居民葬身火海。随之而来的是更加频繁的报复与伤亡。罗马社会局势动荡不安。

动乱的社会现实迫使罗马政府增加警力，更多的犯人被送入监狱。当时的罗马有五大著名监狱，圣天使堡监狱即是其中之一。这些监狱关押了整个罗马城约十分之一的人口。监狱里分出了短期拘留区以及长期徒刑区，更设置了女性服刑区，在押犯人包括在非法地段卖淫的妓女、强盗、扒手，以及罪行恶劣的女重刑犯。

此外，这些监狱里还专为教士及下层神父准备了牢房，而那些地位显赫的主教、红衣主教、异教徒则被安置于圣天使堡宽敞舒适的大房间里。

RISSE E AGGRESSIONI
DI CONTINUO
TOR DI NONA
ABITANTI
60.000
CARCERATI 7.000

图 3

TRE
ESECUZIONI
PUBBLICHE LA
SETTIMANA
ANCHE DI
CARNEVALE

图 4

## 赎罪与死刑

卡拉瓦乔迁至罗马时，年仅二十岁（1590—1591）。当时的罗马城内每周都会上演两种截然不同的场景：一边是富人唱着圣歌，通过盛大的仪式布施济贫，以求天主赎罪；另一边则是死刑犯被带上闹市街头，仿佛公开表演一般被当众执行死刑。这两种公开的仪式都受到了罗马各个阶层的广泛认同。

死刑通知被张贴在罗马城内各个角落的公告板上，通知上注明了死刑的执行计划：日期、时间、刽子手的具体行刑方式等。

三个杀人犯被肢解，两个被棍棒打断了骨头，两个被绞死，一个被砍头。行刑到达最后的高潮：一个叛国者的四肢被拴在两匹马上，一声令下，两匹马反向而行，罪恶滔天的犯人被残忍分尸。（图 4）

最特殊的行刑场景要数将异教徒推上断头台。罗马对于异教徒的惩罚从不停歇，甚至是在狂欢节当天，人们仍然能够观看到熊熊大火烧死异教徒的场面。1600 年狂欢节的最后一天，人们戴着面具，敲锣打鼓，喜气洋洋。就在这样一片欢快的气氛中，乔尔丹诺 · 布鲁诺被活活烧死。

对卡拉瓦乔来说，最刻骨铭心的一场死刑毫无疑问要数桑西整个家族被处死。先是贝阿特丽切 · 桑西，接着是她的继母，还有她父亲第一次、第二次结婚所生的孩子，以及其他一些亲戚。

## 桑西家族与可怕的悲剧

据传，圭多 · 雷尼曾为贝阿特丽切 · 桑西画像，并赞美她拥有“高贵而温柔的面容”。贝阿特丽切 · 桑西被亲生父亲强暴，她向裁判所举报，但并未得到公允的处理。贝阿特丽切的父亲弗朗西斯科 · 桑西并不是第一

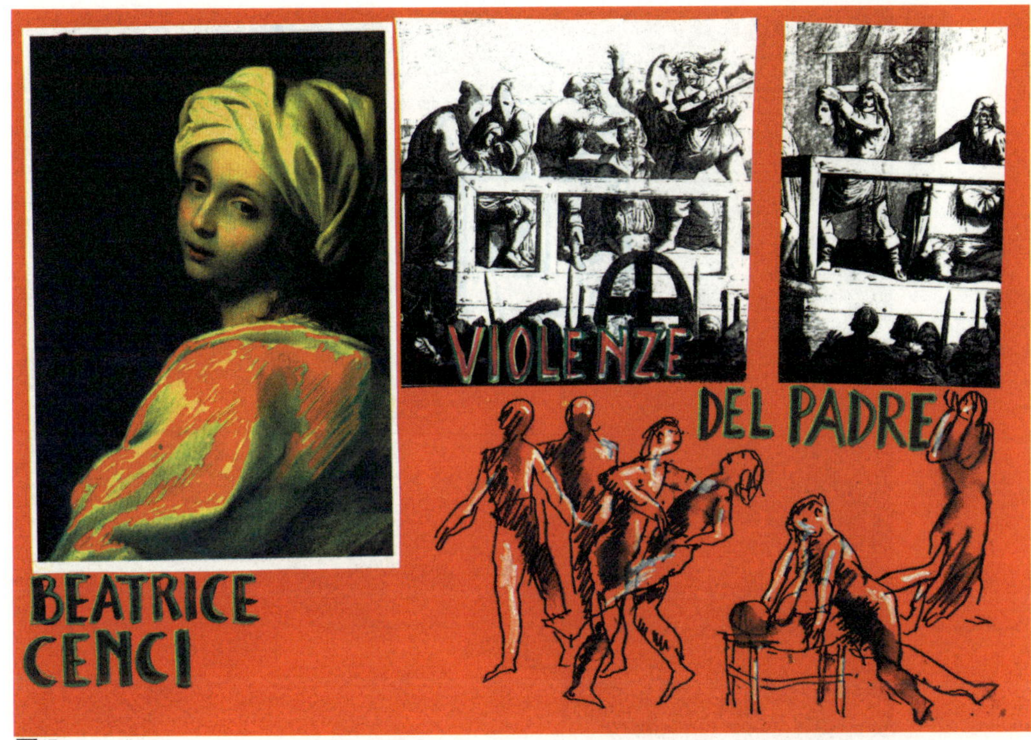


图 5

次犯下强奸罪行，他曾多次强奸家中一名年仅十五岁的聋哑女仆，被女仆的哥哥检举，并得到家里其他仆人的证实，因此被捕入狱。（图 5）

但调查与审讯并没有结果，弗朗西斯科仍然逍遥法外。

事实上，弗朗西斯科受到了处罚：身份高贵的桑西先生被处以罚金（罚款原因或许是未经批准施行强奸？）。

罚金使身份显要之人免于审讯与牢狱之灾。当时罗马甚至专门出台了一项法律，确保最高阶层的组织与个人免受一切形式的审讯与逮捕。

这样的司法环境在我们现在看来无法理解，更无法接受，我们会坚决反对这种特权主义。

但回到当时，桑西家族正是这种特权司法制度的牺牲品。让我们来梳

图6 罗马，国立古代艺术美术馆
圭多·雷尼（1575—1642），据传画的是
贝阿特丽切·桑西（？）

图6

理一下桑西家族悲剧事件的时间线：贵族弗朗西斯科先是侵犯了小女仆，又强暴了自己的亲生女儿贝阿特丽切。贝阿特丽切的母亲与兄弟检举了弗朗西斯科。为了封锁丑闻、躲避司法调查，弗朗西斯科将所有家人与仆人

都监禁在家族城堡内，他自己也在此藏身，以便监视家人的一举一动。

但强奸亲生女儿一事还是激起了桑西家其他家庭成员的反抗。他们对弗朗西斯科恨之入骨，决定彻底解决掉这个暴君。在弗朗西斯科第二任妻子的带领下，他们对弗朗西斯科展开了报复，在他的床上将之残忍杀害，当时家族友人及仆人也参与其中。为了掩盖罪行，桑西家族编造了一场意外之灾：包括仆人在内的所有人口径一致，表示弗朗西斯科在塔楼欣赏晚霞时，太过沉醉于壮美的日落景象之中，身体不自觉探出栏杆。栏杆突然坍塌，弗朗西斯科从阳台上掉落，摔死在城堡外的岩石上。

梵蒂冈警察对这位声名显赫的遇害者展开了调查。调查官展现出惊人的科学洞察力与敏锐性，立刻意识到这是一起谋杀案。调查队长第一眼就看穿栏杆是被斧头砍断的，而死者身上的多处致命伤与摔死的死因明显不符，特别是某些部位的伤口尤其令人怀疑。

按照17世纪的审讯条例，调查官对桑西家族成员，尤其是男女仆人进行了严刑拷打。当时的法律规定，警察有权对嫌疑人施行一次刑讯拷打。在文明社会，这条法令显然令人感到毛骨悚然。①

案件在罗马法庭的主厅开庭，每次公开审理都人满为患，整个听众席挤满了神情激动的旁观者。

法官最终对桑西家族所有成员判处死刑，连年仅十二岁的小儿子也难逃死罪。在民众的一致反对下，教皇收回了对小儿子的死刑判决，但命令他必须到死刑执行现场，见证他母亲及其他家人的行刑。

行刑当天（1599年9月11日），整个罗马城的居民全部聚集在老桥广场，刽子手早已在这里搭好了台子，准备执行残忍的处死仪式。连拉齐奥大区其他城市的居民也闻讯前来，更有好事者从那不勒斯连夜奔赴罗马。当时

① 编者注：一些别有用心之人认为，达里奥·福的这段描写意在讽刺2001年热那亚八国峰会期间，意大利特别警务组对大批被逮捕者进行刑讯逼供的事件。

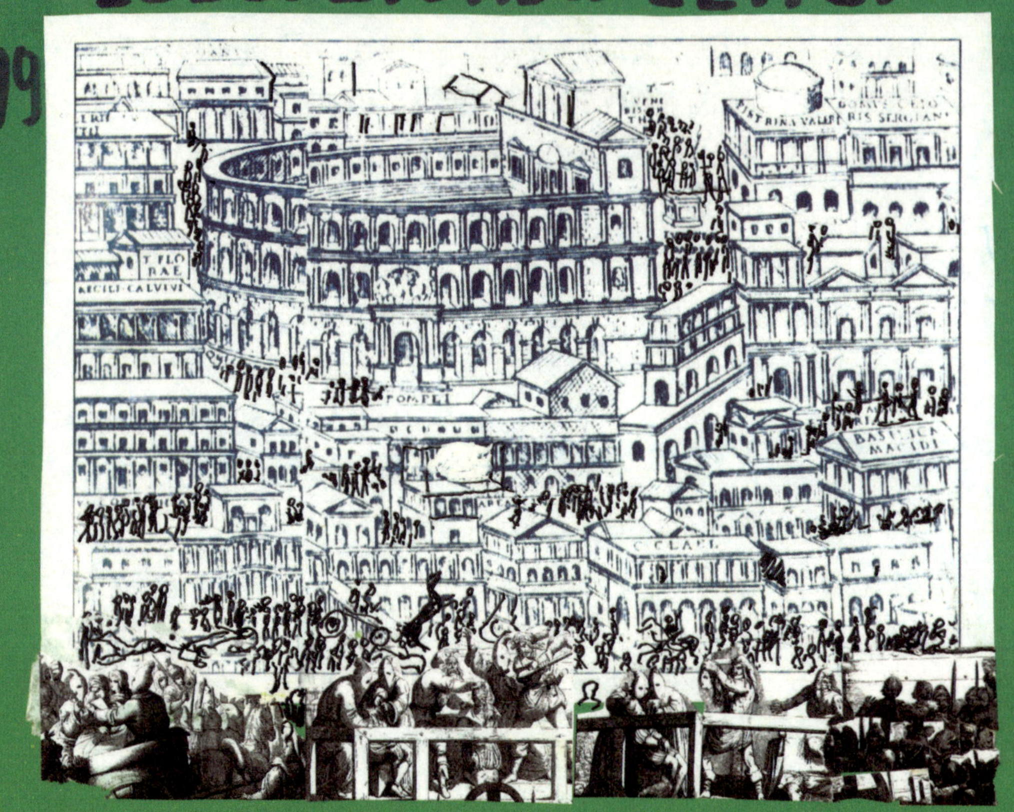


图 7

的记录员记下了一个疯狂的数字：共有 50 万外乡人从四面八方涌入罗马。通往市区的每条大路都排起了长长的队伍，大大小小的马车堵在路上，人们比肩继踵，碰撞擦伤时有发生。为了阻止失控的人流，教皇骑兵冲上街头，然而他们在街上横冲直撞，反将妇女和儿童撞倒在地。紧接着就是踩踏、流血，人们惊慌失措，四散而逃。最后，因为混乱而丧命的人数比法官判决死刑的人数还多得多。（图 7）

这种暴力与疯狂在卡拉瓦乔的脑海中挥之不去，他创作了一幅名画：

图 8　罗马，国立古代艺术美术馆，巴贝里尼宫

卡拉瓦乔，《砍下荷罗孚尼头颅的犹滴》（1599），145 厘米 ×195 厘米

图 8

《砍下荷罗孚尼头颅的犹滴》。这幅画讲述了一则圣经故事，年轻的女子犹滴将敌军首领荷罗孚尼杀死，还子民以自由。

## 《砍下荷罗孚尼头颅的犹滴》

犹滴的面容与圭多·雷尼笔下的贝阿特丽切·桑西有着惊人的相似。摘下头巾，贝阿特丽切·桑西就化身为卡拉瓦乔笔下的复仇女神犹滴。

我们仿佛看到年轻的罗马女子满脸憎恶，挥刀砍下她暴君父亲的头颅。这个父亲曾监禁她、侮辱她、虐待她、强暴她。右侧的老妪则在身旁鼓励

并支持她行凶。

画面顶端，红色的帷幔垂落下来，贯穿了整个舞台。对，我说的就是戏剧舞台。垂落而下的正是舞台幕布，它吱吱地缓缓落下，表演结束。

悲剧落幕。

在下文中，我们还将详细讲解卡拉瓦乔如何以戏剧语言描绘画面，这也是他最常使用的艺术创作手法。

## 妓女

那么为犹滴—贝阿特丽切这一形象担任人体模特的又是谁呢？这是一个让卡拉瓦乔为之疯狂的妓女。为了获得她的青睐，卡拉瓦乔不惜与他人决斗，并因此锒铛入狱。

在巴洛克时期的罗马，娼妓担当了重要的社会角色，她们曼妙的身影随处可见，身份等级分明。有上流社会的所谓贵妇，也有街头巷尾、酒馆旅店的下层妓女，有高雅的女诗人、女歌唱家，也有专门侍奉君主、为主教服务的娇妃宠妾，也有外貌与圣母马利亚相似的人体模特。妓女们风情万种地活跃在罗马各个阶层，教皇西斯笃五世曾经专门举办了一场盛大的宴会，邀请所有远近闻名的妓女参加，她们美艳动人，使无数贵族子弟、教廷主教都趋之若鹜。这场宴会正是所谓的“好妓女之宴”。（图 9）

无独有偶，威尼斯共和国的总督甚至在大运河上开起了宴会。裹着锦缎罗纱的贡多拉载着无数如花似玉的盛装风尘女子，她们袒胸露乳，仿佛女王一般艳丽。两岸人头攒动，神情激动的男人们甚至纷纷从桥上跳进运河，激起的波浪仿佛要把贡多拉与“爱慕的女王”都翻进水里。

17 世纪，罗马与威尼斯的妓女数量不相上下。即使是已婚妇女，她们的丈夫也往往支持她们每周抽出一天从事色情活动，毕竟能够赚钱贴补

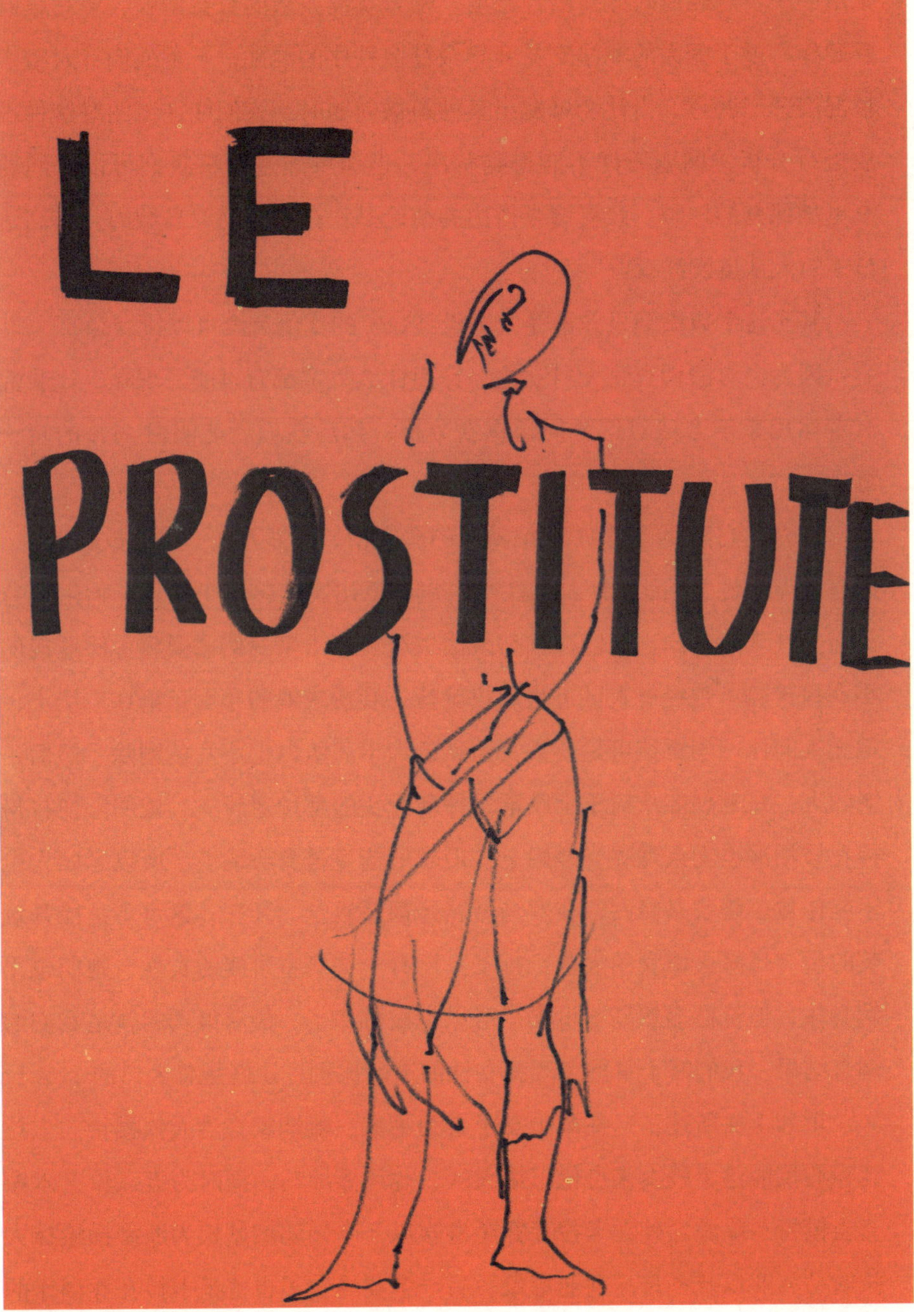


图 9

家用……罗马政府对此持默许态度。随着卖淫人数的日益增长，罗马政府开始担心过于庞大的非法交易会导致社会秩序的混乱，于是他们针对暗娼情况展开了调查。当社会爆发出某种道德问题时，人们往往试图对这种现象进行分析，问题或许不能得到解决，但至少通过分析我们可以对问题有更加深刻的理解。政府调查得出的结论是：在当时的罗马城内，有高达11% 的人从事卖淫行业。

其实这个数据结果并不令人惊讶：11% 的比例完全可以接受。

因为当时的调查毫无科学性，算出什么数字都有可能。现在，让我们试着运用数学方法对这个问题重新分析，然后我们就能明白 11% 的真正意义。

首先我们需要掌握 17 世纪罗马的总人口，即 6 万人。将人数除以 2，约有 3 万男性、3 万女性。男性当中也有以出卖肉体谋生的人，但形式方法与女性截然不同，他们往往与政治关联。接下来我们需要将鼻涕邋遢的小女孩排除。曾经有人试过将浓妆艳抹、装扮成熟的小女孩扔在广场上，但无人问津，毕竟这可是要被关监狱的大事。所以把小女孩剔除。然后是老妇人，是老到能从椅子上跌落、摔断骨头的那种老年人。她们即使打扮得花枝招展也无人理睬，嫖娼之人追求的毕竟是身心愉悦。所以老妇人也不能作数。接着是修女，在罗马城遍地都是教堂，拜托，这可不是能开玩笑的事。再减去修女的人数，行了！还有一些皇室贵族的女性，她们也出卖身体，但价格显然高不可攀，所以也被排除了。最后得到的就是我们的调查结果。我们终于掌握了卖淫女性的准确比例：正好是总人口的 11%！

正如上文所述，一些风尘女子会为画家、雕塑家充当人体模特。卡拉瓦乔心仪的这个妓女来自伦巴第大区，她风姿绰约，同时为五六位艺术家充当模特。除她之外，卡拉瓦乔还喜欢以一个锡耶纳姑娘为原型描绘抹大拉的马利亚以及圣母马利亚形象。另一个罗马女子也曾是卡拉瓦乔创作的灵感来源。

需要强调的一点是：卡拉瓦乔喜爱写生作画，即使眼前的模特状态不佳，他也能对其仔细观察，准确地抓住特点。例如模特的服饰，背景中的树叶、石头等，他对细节的钻研近乎痴迷。我们甚至能从卡拉瓦乔的画中辨识出植物的具体品种，这种细致的观察力与表现力无人能及，堪与列奥纳多·达·芬奇平分秋色。毋庸置疑，卡拉瓦乔对达·芬奇的创作进行过深入研究。

## 抹大拉的马利亚与圣母马利亚

这幅画描绘了一个熟睡中的年轻女子，抹大拉的马利亚正在沥干头发。她的衣服上绣满了华丽的装饰。为这幅画担任人体模特的正是一个妓女，她还曾为《逃亡埃及途中歇息》一画中的圣母马利亚担任模特。采用同一个模特来演绎圣人、圣母马利亚或风尘女子的习惯使卡拉瓦乔备受出资人责难，他们甚至拒绝接受卡拉瓦乔完成的作品。这幅《忏悔的抹大拉的玛利亚》就曾遭到诘难。

幸运的是，每次被重要出资人拒绝后，另一位买家都会适时出现，给出比原来更加丰厚的报酬，心满意足地购得卡拉瓦乔的画作。（图 10）

## 草稿

另一幅肖像的主人公也是抹大拉的马利亚，这幅作品驳斥了一些知名艺术史学家的说法，他们凭空捏造，声称卡拉瓦乔的绘画完全是即兴创作，他从不绘制构图草稿，也不在画布上勾勒人物细节或背景轮廓，说他面对空白的画布，手执彩色画笔落笔成形。（图 11）

图 10　罗马，多利亚潘菲利美术馆

卡拉瓦乔，《忏悔的抹大拉的马利亚》（1594—1595），122.5 厘米 ×98.5 厘米

图 11, 图 12　底特律，底特律美术馆

卡拉瓦乔，《忏悔的抹大拉的马利亚》（1598），100 厘米 ×134.5 厘米

以及 X 光成像照片

图 10

图 11

图 12

我年轻时在布雷拉求学期间，有机会聆听大师卡洛·卡拉关于卡拉瓦乔绘画技巧的讲座，他曾如是说："想要领会如卡拉瓦乔等绘画巨匠的智慧与技艺，除了自己真正懂得绘画这门手艺外，别无他法。是谁杜撰了卡拉瓦乔是即兴创作的这种谎言？卡拉瓦乔与米开朗基罗一样，都是在落笔之前早已胸有成竹。他们的创作就仿佛盖房子，一砖一瓦都经过严丝合缝的设计，他们只是将脑海中早已勾勒成熟的画面呈现在画布上。他们在创作时的确经常不打草稿，即便画了草图，也经常在上色时直接更改画面。但要注意的是：他们都是才华横溢的艺术巨擘。米开朗基罗就曾将一座已经完工的人物塑像重新雕刻，使其成为'另一具活灵活现的人体雕塑'。"

X光成像照片正验证了卡洛·卡拉的说法。请仔细观察这幅画：我们能够清晰地看出卡拉瓦乔的设计草图。请留意衣褶、面部与手部的白色部分。很明显画家在上色时对草图进行了修改，他用细腻的颜料掩盖住了草图线条，利用色彩营造出光线的明暗对比，使整个画面自然而生动。（图12）

## 罗马=工地

说了这么多，现在我们有必要回到历史背景中，继续审视卡拉瓦乔生活与工作的社会环境。这位来自伦巴第的青年是如何看待罗马城的大整修的呢？

卡拉瓦乔生活在一片混乱与喧闹之中：工人与包工头大声叫嚷，大马车轰隆隆地穿过街道，建筑物旁竖起了无数高大的脚手架。这些工程的指挥者正是卡拉瓦乔的老乡，来自米兰的建筑师多梅尼科·丰塔纳。他是赫赫有名的城市规划师，从改造地下水道到重建大广场、大宫殿，多梅尼科·丰塔纳的规划有口皆碑。他接受教皇西斯笃五世"恢复罗马帝国的宏伟威严"的敕令，推翻老旧的民宅，将原先的住宅区彻底摧毁，对罗马的城市布局

MERISI A ROMA 1592

CONOSCENTI E AMICI
FAMOSI

图 13

重新进行规划设计。

教皇工程的规模令人咋舌。上千匹马将巨大的方尖碑拖入圣彼得教堂前的大广场，教皇要在广场正中间竖起这座纪念碑。用于拖拽的绳索不可计数，这些绳索还将用来竖起高耸的石碑。（图 13）

这幅图（图 14）描绘了当时整修在即的纳沃纳广场，布局结构与现在迥然不同。

在另一幅图中，木匠及其他工人正在宽阔的道路上热火朝天地工作，每个人各司其职，场面井然有序。远景中，崭新的宫殿拔地而起，一些建筑正在建造之中，而另一些建筑则由于缺少资金，仍处于停工状态。（图 15）

据说，当时有一位别国首脑突然造访罗马，为了掩盖罗马城内混乱的施工状况，教皇下令将通往圣彼得教堂的必经之路进行美化。工人将巨大的画布蒙在沿途街道两侧的建筑物上，用绘制的建筑外墙来掩饰未完工的建筑，遮盖堆积的废墟与建筑垃圾，隐藏污秽的地下水道。

如果我们对当时一些描绘罗马风貌的画进行仔细观察，往往会看到大片的灌木与庄稼。巨大的建筑倒在废墟之中，一旁则是羊群在悠闲地吃草，甚至还有放养的奶牛与驴。一名来罗马朝圣的信徒目睹此景，记录道：“永恒之城正一天天被荒野所吞噬，连教皇也难以幸免。”

下面，我们有必要将罗马与卡拉瓦乔的家乡米兰做一对比，更加深入地了解当时意大利的政治社会局势。米兰作为当时的世俗权力中心，自 1535 年起就处于西班牙统治之下。这一年，哈布斯堡家族的查理五世赶走了法国人，夺得了整个伦巴第地区的统治权。

图 14

图 15

## 米兰：政治形势

为了不显得过于专横傲慢，西班牙统治者建立起严格的贵族等级制度，这样既便于管理米兰原先的特权阶级，更重要的是，也有利于增加税收、盘剥平民。米兰的特权阶级心甘情愿地接纳了他们的新主人，默许西班牙统治者为非作歹、烧杀抢掠。

他们卑躬屈膝、阿谀逢迎，完全一副16世纪政治走狗的嘴脸……这在我们现在看来简直不可理喻。

当时的米兰人民饱受压迫，开始寻求宗教权力的庇护。卡洛·博罗梅奥（1538—1584）与费德里科·博罗梅奥（1564—1631）堂兄弟俩先后担任米兰教区红衣主教，他们态度强硬，受到民众拥戴。（图16）

米兰的人口数量是罗马的两倍之多，但贵族、高等教士与手工劳动者的构成比例则与罗马大相径庭。

当时，米兰城内主要有三条大河经过，此外还有数量众多的水道、运河，到处是码头、口岸。人们大量建造水车，利用水流的动能发电来进行各种生产活动。大量的货船、接驳船、远航船在码头之间往来穿梭，连通了波河平原上的贸易往来，米兰的货物可以沿着波河一直抵达威尼斯，再转运至整个亚得里亚海沿岸。

米兰的海事活动如此繁荣，以至于连威廉·莎士比亚也犯了错误，他在《暴风雨》中描述了主人公坐船从米兰港口出发，顺流而下直接入海，这显然是错误的。

西班牙统治者对伦巴第施行残酷而持久的镇压，自由与主权荡然无存。如上文所述，在这种情况下，伦巴第人民纷纷将希望投向博罗梅奥家族，期待主教能为自己争取民主权利。两任博罗梅奥主教勇敢地与米兰地方政府周旋，面对西班牙王室亦是不卑不亢，有时连西班牙统治者也对主教敬

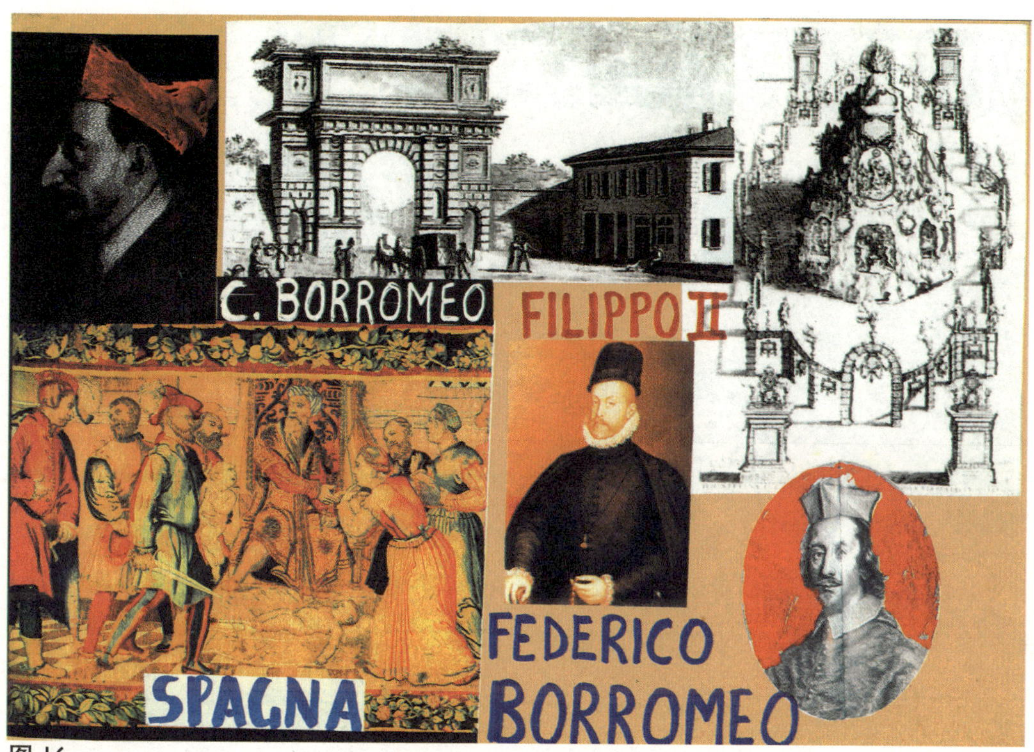


图 16

畏三分。在主教的干预下，西班牙对伦巴第的重税盘剥明显减轻。

博罗梅奥家族的权威与实力由来已久。作为意大利最古老、最有权势的贵族，博罗梅奥家族坐拥著名的七湖地区，家族封地从马焦雷湖延伸至加尔达湖（包括现在的提契诺州），连米兰城外的广袤土地都归博罗梅奥家族所有。

前后两任博罗梅奥主教都是学识渊博的饱学之士，他们力图寻找基督教最原始、最本真的价值标准，对穷人怀有深刻的使命感，深切地关心自己的子民。两任主教都受到了伦巴第人民，尤其是最底层人民的崇敬与爱戴，博罗梅奥家族的名声享誉米兰城内外。

为了阻止欧洲北部路德教派宗教改革思想的快速传播，博罗梅奥主教

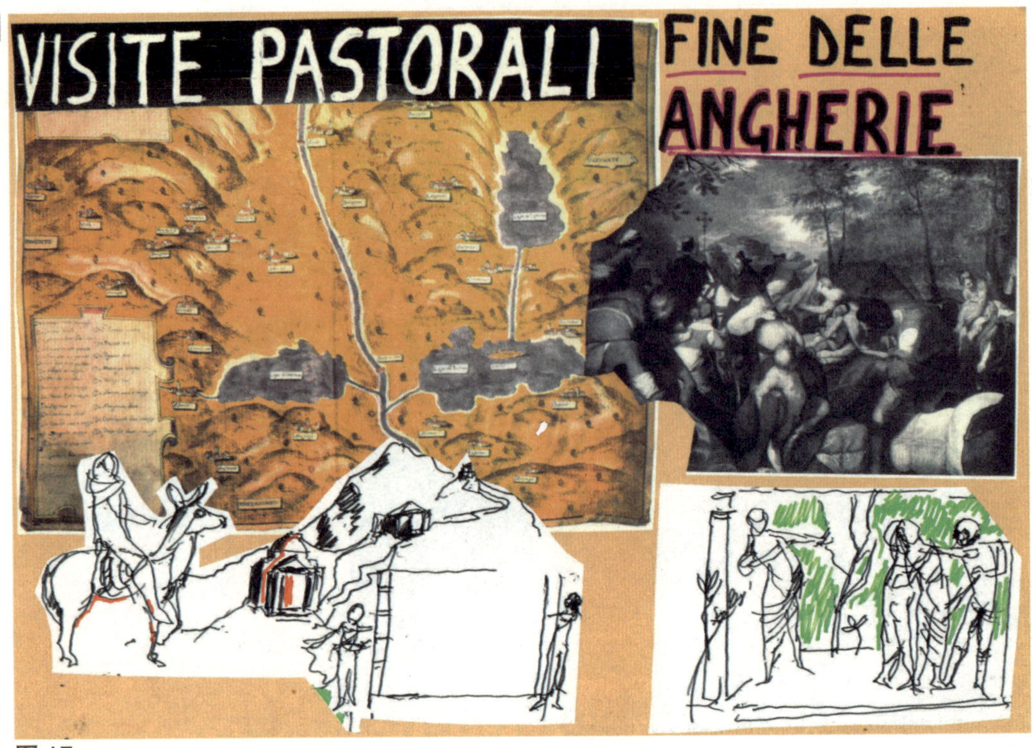


图 17

采取了一系列措施，其中最重要的就是恢复伦巴第的世俗文化。他们并未利用宗教裁判所对民众进行残酷镇压，而是开创了全新的宗教训谕改革，运用宗教民众主义的理念宣扬原始基督教义。他们将《新约》与《福音书》中的故事（尤其是耶稣受难的情节）用通俗的形式加以演绎，由工匠、农民来扮演圣经故事的主角。除了戏剧演出之外，人们很快也开始用绘画诠释更多圣经场景，如大教堂中经常可见的《十四处苦路》组图，讲述了耶稣身背十字架，走向加尔瓦略山途中所经历的一系列事迹。为了完成这些宗教主题作品，整个伦巴第与皮埃蒙特大区的知名建筑师、画家与雕塑家都被召集起来，其中最著名的要数高登奇奥·法拉利。

在罗马及周边城市，红衣主教与教士们往往深居简出，不问世事。卡洛·博罗梅奥与费德里科·博罗梅奥两位米兰主教则完全不同，他们建立起主教视察的“良好习惯”，经常深入城市角落，接触被社会所遗忘的穷困贫民，以身作则地激励广大教士多融入平民的生活：“只有当教徒认为你是他们当中的一员，而非高高在上、剥削压迫他们的主人，他们才会接受并顺从于你。”（图 17）

卡拉瓦乔正是在这样复杂动荡的社会环境中度过了自己的童年。他曾经目睹了西班牙统治者的血腥镇压，也曾与流氓为伍。这些警队想尽一切办法压制民众的反抗，但由于米兰及整个伦巴第大区经济衰退，民不聊生，混乱与暴动在所难免，愤怒的平民甚至将面包炉砸向警察，这在曼佐尼《声名狼藉的警队》一书中有细致的描写。

## 博罗梅奥红衣主教：改革者

残暴的西班牙统治者企图将宗教裁判所的迫害热潮带进伦巴第地区，但红衣主教费德里科·博罗梅奥却并不认同。

卡洛·博罗梅奥首先意识到，为了彻底反驳北方宗教改革教派对天主教会的批判，仅靠贴近穷人并与他们重新建立沟通还远远不够，必须关注底层人民的物质生存条件。在卡洛·博罗梅奥去世后，费德里科·博罗梅奥继续坚持堂哥的做法。

两位主教采取措施，免除了部分苛捐杂税，废除了一些严重压迫农民、工匠的不合理制度，并在基督教历史上首次取消了土地税。

土地税是一种与分益耕作制有关的税收制度：无论收成好坏，农民必须将土地收益的一半以上交予地主。碰上灾荒之年，土地颗粒无收，农民仍须按照规定将固定的金额上缴主人，这使得自己完全无法生存。

为了树立良好的形象，博罗梅奥主教率先在自己的属地上免征土地税。

图 18

这项政策引起了其他君主、大地主的强烈不满，他们指责两位主教煽动群众、蛊惑人心，损害了地主阶级的利益，而他们自己却阴险地从中坐收渔利。

两位主教都遭到了威胁甚至暗杀，卡洛·博罗梅奥就曾被猎枪击中，险些丧命。每逢两位主教出城，身边都要带着大量全副武装的骑兵与随从，时刻警惕埋伏。毋庸置疑，西班牙统治者与大地主都图谋趁二位主教不备，将其杀害。（图 18）

上文提到，博罗梅奥主教曾主张运用戏剧表演的方式宣扬基督教义。但值得注意的是，两位主教都极力反对非宗教主题戏剧。（图 19）在他们各自掌权期间，两位主教曾分别向伦巴第多个城市与教区的主教写信，表达他们对于喜剧与爱情悲剧表演的担忧与反感。当时，新兴的资产阶级

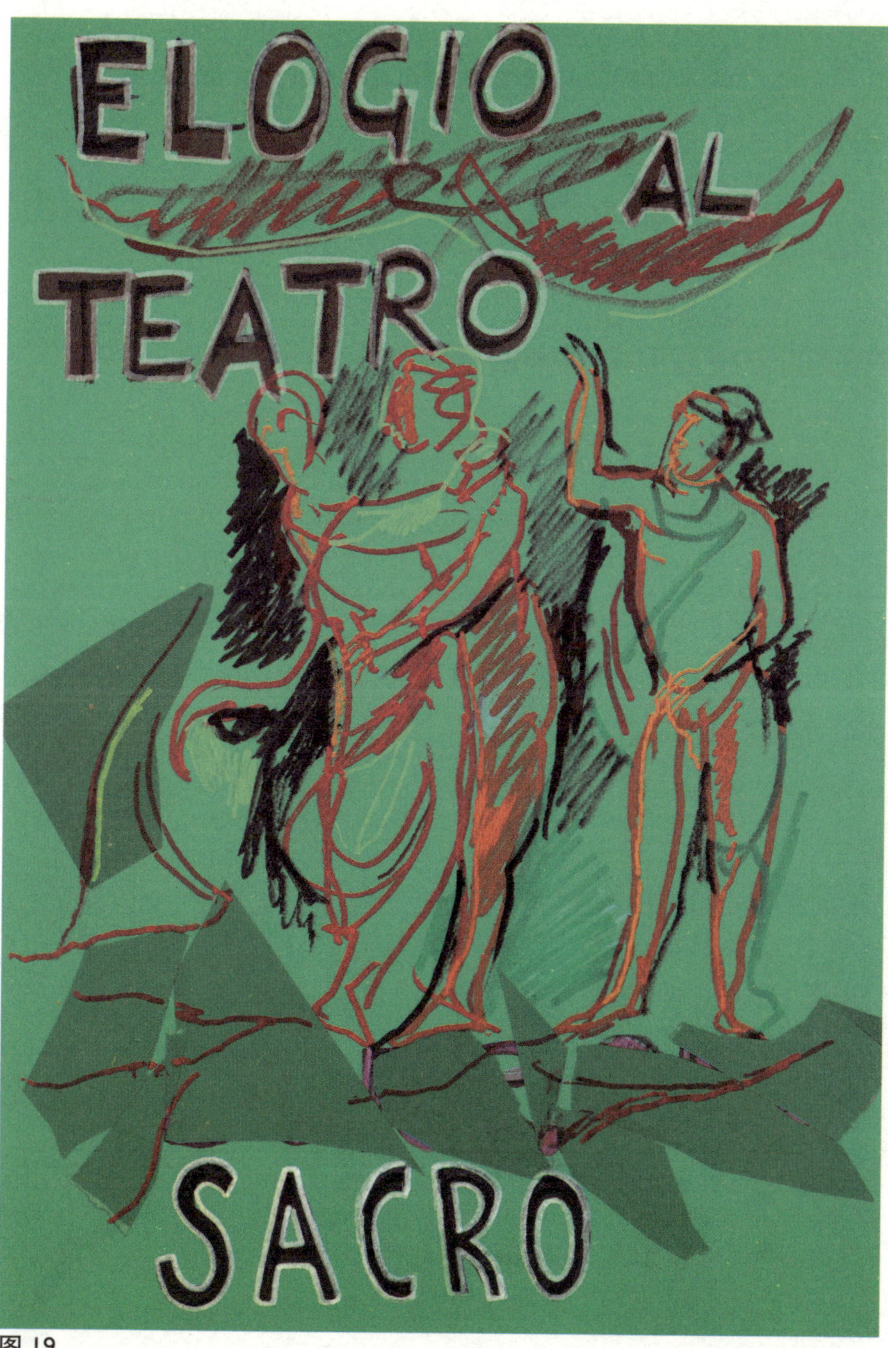


图 19

与平民都对非宗教戏剧表现出浓厚的兴趣与热爱。

与卡洛·博罗梅奥不同，堂弟费德里科·博罗梅奥并不赞同宗教暴力压迫。卡洛·博罗梅奥曾利用宗教裁判所镇压异端，在其主教生涯的最后几年进行了一场真正的屠杀，他指控伦巴第乡村的几十名妇女与魔鬼有染，并将她们处以火刑。尽管如此，卡洛·博罗梅奥仍于1610年封圣。

## 年轻的卡拉瓦乔与《十四处苦路》组图

我们在鉴赏卡拉瓦乔画作时，必须要考虑画家的文化背景，即他自幼在伦巴第地区成长，对伦巴第的宗教文化耳濡目染。卡拉瓦乔的画作流露出对于神性与人性的结合与思考，画作仿佛也暗示了当时对于福音书真伪的论辩。

卡拉瓦乔的绘画中经常出现女性形象和伪福音书内容，这是由于他年少时曾在教堂看到过描绘耶稣受难的《十四处苦路》组图，这也影响了他之后的创作。

## 卡拉瓦乔与同时期画家

关于少年时期的卡拉瓦乔，即他到达罗马前的经历，学界争议很大，莫衷一是。根据现在掌握的资料，卡拉瓦乔最早期的作品是他二十岁刚到罗马时所创作的几幅画作：一幅近似自画像的酒神画、一幅静物画、一幅描绘吉普赛女子为少年看手相的画作（这幅作品存在两个版本），以及一幅音乐家群像，使人联想到少年卡拉瓦乔和他的同伴。卡拉瓦乔没有留下任何在米兰学习绘画的记录，没有素描，亦没有草稿，无迹可寻。那么，卡拉瓦乔是到达罗马后才开始学习绘画的吗？（图20）他是在罗马画家

图 20

图 21　罗马，博尔盖塞美术馆，卡拉瓦乔，《生病的酒神》（1593—1594），67 厘米 ×53 厘米

图 22　罗马，卡比托利欧博物馆，卡拉瓦乔，《女占卜师》（1593—1594），115 厘米 ×150 厘米

图 23　纽约，大都会艺术博物馆，卡拉瓦乔，《音乐会》（1595），92 厘米 ×118.5 厘米

图 21

图 22

图 23

图 24　布雷西亚，马尔蒂内尼奥美术馆

乔凡尼 · 吉罗拉莫 · 萨沃尔多（1480 / 1485—约 1548）

《牧羊人朝拜》（1540）

**图 24**

的画室里学习绘画技艺的吗？答案是否定的。卡拉瓦乔十岁时便在米兰师从德高望重的绘画大师学习创作，其中一位便是著名的壁画大师西蒙 · 彼得扎诺，卡拉瓦乔跟随他学会了在画幅巨大的草图纸上绘制草稿。米兰斯福尔扎城堡博物馆中收藏了几百幅西蒙 · 彼得扎诺的壁画作品。在乔凡尼 · 吉罗拉莫 · 萨沃尔多和布雷西亚的莫雷托的指导下，卡拉瓦乔习得

图 25　伦敦，威灵顿美术馆

西蒙 · 彼得扎诺（约 1540—1596），《安杰丽卡与梅多罗》（约 1570）

图 26　布雷西亚，市立艺术与历史博物馆

亚历桑德罗 · 邦维奇诺（又称莫雷托，约 1498—1554），

《在以马忤斯的晚餐》(约 1526)

图 25

图 26

图 27　热那亚，白宫美术馆

卡拉瓦乔，《试观此人》（1604—1606），128 厘米 ×103 厘米



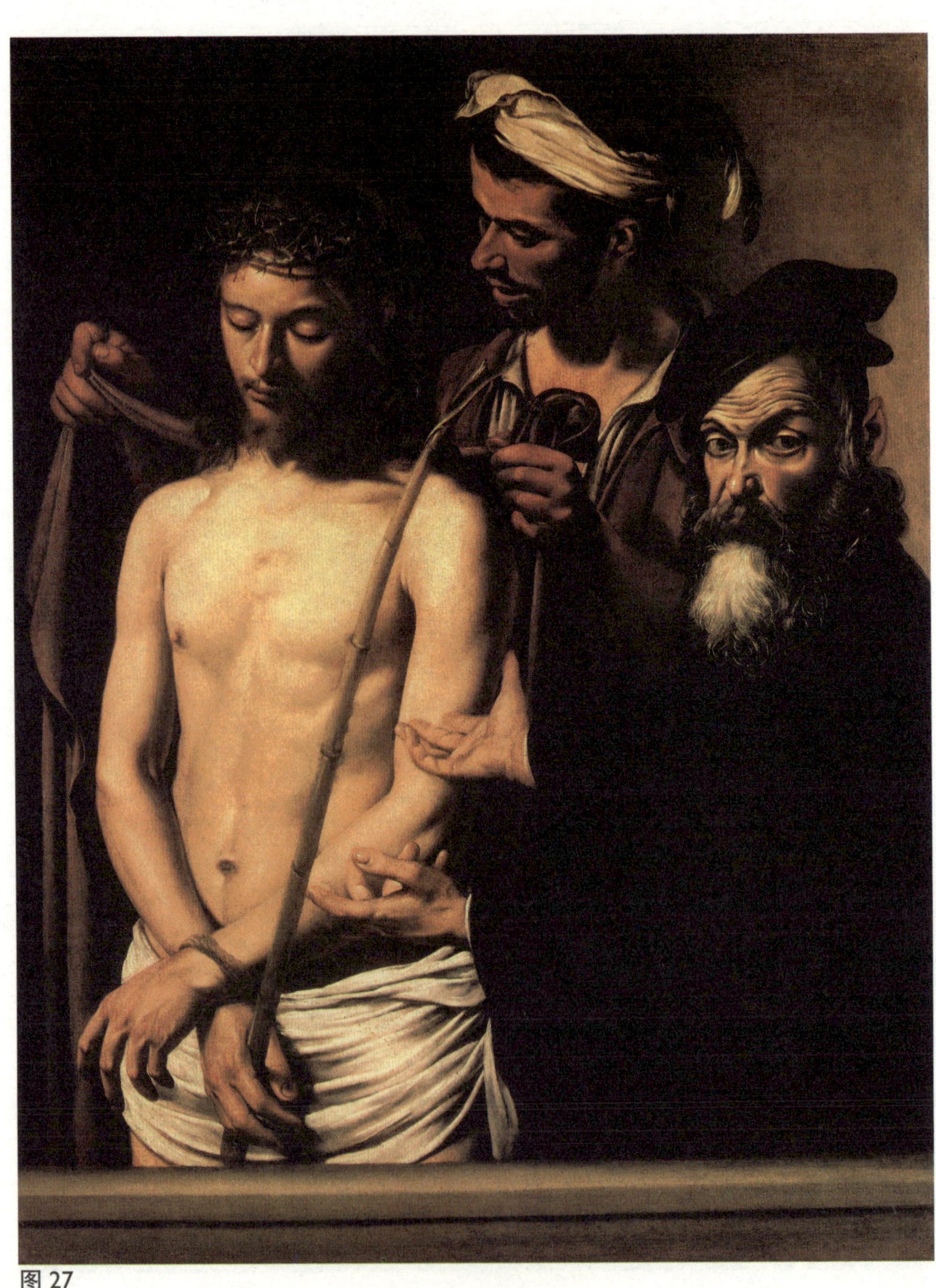

图 27

了光影明暗的技艺，他开始用昏暗的背景衬托明亮的人物形象。此外，17世纪许多艺术学者研究发现，卡拉瓦乔同时也从莫罗尼、朱利奥·罗马诺、乔尔乔内、罗马尼诺、乔凡尼·达·蒙特的绘画技巧中汲取灵感。

当然，卡拉瓦乔从隆巴尔多—韦内塔画派不仅学会了用色技巧与光线明暗用法，更掌握了人物构图的精髓。贝尔戈尼奥内笔下的耶稣基督（米兰，斯福尔扎城堡，约 1480）与卡拉瓦乔《试观此人》（1604—1606）中的耶稣形象有着惊人的相似；而卡拉瓦乔《怀抱山羊的施洗约翰》一画从构图到画风都与皮耶罗·德波、安尼巴尔·卡拉奇所创作的《荒野中的施洗约翰》如出一辙。

## 静物

在米兰，年轻的卡拉瓦乔有幸近距离观赏天才女画家索福尼斯巴·安圭索拉的画作，尤其是她的《静物》系列，透露出佛兰芒画派的独特风格。这些画作使卡拉瓦乔难以忘怀，他在罗马早期（约 1597）创作的一幅静物画《果篮》就再现了索福尼斯巴·安圭索拉的佛兰芒画风，画面中的水果与叶子形成完美的构图。

与其他任何作品不同，这幅静物画的背景宽阔明亮，仿佛镀了一层金色。画面构图遵循透视法技巧，一条仅有几厘米宽的细线贯穿了画面底部，这是画面中唯一的直线。这条直线象征着桌面，而果篮就置于其上。果篮中的叶子仿佛张开的大手伸出篮筐外，而水果则只有寥寥几个：两只梨、两只苹果、两个无花果以及两串葡萄。果篮的中心正是视线的焦点，也就是说，观赏者的视线需始终保持仰视，而非俯视。如果将画布的两条对角线相连形成四个三角形，我们就会发现，画面所有的主体都位于底部的三角形中，只有零星的几片叶子超出了三角形区域。卡拉瓦乔有意采用了非

图 28　米兰，盎博罗削美术馆

卡拉瓦乔，《果篮》（约 1597），31 厘米 ×47 厘米

图 28

中心构图：画面左侧有一片留白区域，画面右侧的空间则被两片葡萄叶占据。如果将两片葡萄叶遮住，那么整幅画面将完全失去平衡。如果在画面左侧的空白处也添上一片葡萄叶，那么构图也将变得零散，画面显得很不和谐。这告诉我们，年轻的卡拉瓦乔在学画之初就已经掌握了投影几何的知识，并擅长用虚实相映的不对称手法进行构图。这种高超的技艺堪称神来之笔。

费德里科 · 博罗梅奥出访罗马期间，将这幅小画奉为至宝。主教毫不犹豫地将其买下，并有意寻找另一幅静物画与卡拉瓦乔的这幅作品配成连幅对称画，但卡拉瓦乔的精湛技艺显然无人能比，费德里科 · 博罗梅奥也只能作罢。

## 《女占卜师》《纸牌作弊老手》

费德里科·博罗梅奥是绘画鉴赏的专家，他收藏了多幅精美的佛兰芒画派的画作。佛兰芒画派的风格优雅而细腻，对高光与阴影的处理非常精妙。在罗马时，博罗梅奥主教就经常造访他的收藏家朋友，欣赏画作。

16世纪末，费德里科·博罗梅奥接到教皇西斯笃五世的邀请，命令他即刻访问罗马。当时，博罗梅奥主教与管辖米兰的西班牙统治者政见不合，他固执而骄傲，教皇有意让博罗梅奥主教远离伦巴第教廷一段时间，避免他与西班牙国王腓力二世发生政治摩擦，给教皇带来麻烦。

在一位同为艺术爱好者的主教朋友家中，博罗梅奥或许见到了卡拉瓦乔本人，主教看到了卡拉瓦乔创作的《女占卜师》（图29）与《纸牌作弊老手》（图30）（抑或是其中一幅），他勃然大怒："这个年轻人天赋异禀，但他却画着这些类型画！我实在不能接受他把才华与颜料浪费在嘲弄这些小人物身上。"要知道，博罗梅奥毕竟出身于贵族家庭。

博罗梅奥对于《纸牌作弊老手》的评价相当刻薄："这种主题与画法也就能卖给老鸨而已。"

我们却毫不认同这种观点，这幅作品精妙绝伦：画面主题确实比较低俗，但明艳的画面色彩以及细腻的表现手法令人惊叹。

不知你们是否还记得，几年前《女占卜师》这幅画被放大成广告海报，张贴在罗马大街小巷的墙上。海报上印着："好运正在等着您。某某银行……"，然后是银行的名字与地址。

但请注意这幅画，卡拉瓦乔精心设计了一个细节：女占卜师在给年轻男子看手相的同时，将他的戒指摘了下来。

我们这个时代的傻子太多了。广告海报的作者显然并没有领会卡拉瓦乔画作中讥讽的意味。他只是想说："好运是个不错的主题。我们将幸运

图 29

图 30

图 29　巴黎，卢浮宫

卡拉瓦乔，《女占卜师》（1596—1597 年），99 厘米 ×131 厘米

图 30　沃思堡（德克萨斯），金贝尔艺术博物馆

卡拉瓦乔，《纸牌作弊老手》（1594），91.5 厘米 ×128.2 厘米

图 31

和银行的名字挂钩，就好像是在告诉银行客户：‘把钱交给我们银行吧，你们会发大财的！’”广告公司和银行显然都没意识到这个内涵，否则他们所要表达的意思就变得截然相反，即：“注意啦，我承诺你们发大财，但实际上我只是要抢走你们的钱。”

# 《基督下葬》

观察《基督下葬》这幅画，我们可以体会到卡拉瓦乔对人物构图的巧思。在卡拉瓦乔之前，柯勒乔、丁托列托等均曾运用舞台动作技巧，利用多层次透视视角，从焦点延伸至基本线，最后构成复杂的画面效果。

让我们一起观察这幅画，更深入地理解这个概念。画面中，两个人把耶稣抬起，正要将他的身体放入画面底部位置的坟墓。

你们可能要问：作者是在什么位置、以什么视角来创作这幅画的？答：从底部。他是从下面观察所有的事物。换句话说，我们就像是以老鼠的视角在观察。卡拉瓦乔的视线从耶稣垂下的手臂出发，目光向上，看到他躺平的身体。可以很明显地看出，画家是从底部，也就是由坟墓内的视角进行创作。当我们在欣赏这幅画时，都仿佛置身坟墓之中，等候接住刚刚从十字架上被放下来的耶稣的身体。

现在我们来思考一下，耶稣身体的重量感是如何营造的。这种重量感不单只是通过很多人用力支撑的状态来体现，更通过领头人极富表现力的动作显露出来：身体摇摇晃晃，几乎失去平衡。总而言之，画中人们的支撑、抬起、弓起上身、弯曲双膝、绷紧肌肉等一系列动作都是舞台动作的表现，这些舞台动态使绘画中的几何运动更加灵动，人物的一举一动都为这幅悲剧画作增添巨大的艺术价值。

为与底部视角形成对比，将目光上移至画面中部两个男人抬起耶稣身体的位置，我们会立刻产生一种奇怪的感觉，仿佛我们离开了地面，去往高处攀登。是什么造成这种悬浮起来的感觉呢？我们可以将这种效果称之为“达·芬奇的诡计”，虽然这种手法在达·芬奇之前就有其他画家运用过。

产生这种观感的诀窍在于高处的消失点突然移动。实际上，当我们仔细观察圣母马利亚、抹大拉的马利亚、革罗罢的妻子马利亚三个人物形象，

图 31　梵蒂冈城，梵蒂冈博物馆

卡拉瓦乔，《基督下葬》（1602—1604），300 厘米 ×203 厘米

图 31

图 32

图 33

图 34

我们会发现，这三个女人的位置距离近景人物透视点上方至少两米。就是这种绘画技巧给了我们这种飘浮感，从底层观赏上层，视线逐渐由低到高。这种感觉真是令人称奇。（图 32、图 33）

另一个精妙绝伦的创作特色是圣母马利亚、抹大拉的马利亚、革罗罢的妻子马利亚三名女性张开的手，而其中又以抹大拉的马利亚用来托住头的手作为中心点。三名女性的双手、面庞、手臂、衣褶形成一个巨大的圆圈，占满整幅画作，而这个圈在转动中被耶稣弯曲的腿所打断。大圆圈内还包含了许多小弧度，由手臂、姿态、衣褶的线条所构成，这种人为的不连贯感为画面营造出一种无法抑制的焦虑与悲痛。（图 34）

我们总是将现实主义理解为对自然的简单复制。这是一种误解，因为

图 35

事实是，人们可以巧妙地伪造现实。在卡拉瓦乔的作品中，为了达到戏剧性的张力，他并不只是简单地描绘真实情景，而是大量运用几何学与动力学的原理，营造画面美感。

这幅《基督下葬》是卡拉瓦乔最杰出的作品之一，它是受新堂（又名小谷圣母）的奥拉托利会神父的委托而创作的。正是费德里科·博罗梅奥主教极力向奥拉托利会推荐了卡拉瓦乔。这一细节向我们揭示，虽然博罗梅奥主教不止一次严厉指责卡拉瓦乔的创作主题不够庄重、有失高雅，但实际上，他坚定地认为卡拉瓦乔是才华横溢的画家，应该得到重视。在他看来，卡拉瓦乔堪称当时最伟大的艺术家之一。（图 35）

图 36　罗马，圣王路易堂

卡拉瓦乔，《圣马太与天使》（1602），295 厘米 ×195 厘米

图 36

## 《圣马太与天使》

圣马太其人家喻户晓，人们认为他是耶稣使徒中唯一一位具备良好文化素养的追随者。他享有爵位又知晓文学和写作，他因虔诚与过人的雄辩能力在信徒中广受尊敬。令人无法理解的是，在卡拉瓦乔的这幅画中，圣马太的形象是疲劳且迷茫的，仿若一位老者费尽力气想让自己集中精神，来获取新想法。圣马太将一个膝盖支在小板凳上，像学生一样用双手支在画面底部的桌上来支撑身体。圣马太将身体转向老师，以便更好地理解这些教导。而他的老师竟是一位天使，他在高处盘旋，靠近圣马太，用手势来帮助他更清晰地理解头脑里已经被灌输的概念。

一些学者观察到，为了营造出学习的氛围，卡拉瓦乔画了一张特别的桌子。这张桌子有可移动的金属支架，能够用以工程制图。一些评论家问道："为什么这张旧几何绘图桌会出现在画家画室里？""很显然，是向一个建筑师朋友借的。"

好吧，我不想过多卖弄，这其实是个谬传。这张桌子是卡拉瓦乔自己家里的，原因很简单，卡拉瓦乔是建筑师的儿子。不仅如此，这张桌子只是他众多日常工具中的一件，圆规、角尺等帮助他学习几何，这些几何知识显然也运用在了他的绘画创作中。

卡拉瓦乔从不临时决定一些事情，即使是最冒险的画法，也都是经过计算和实验的结果。

那么，强调圣马太的学习环境和那种费力的学习状态又有什么意义呢？天使教给了他什么？天使为他指明了信仰的奥义。这正是解读整幅作品的关键：这位圣贤习惯分析和解决神秘且复杂的理论，但在理解基础概念上却遇到了困难，他费尽力气试图从宗教神学观中跳脱出来，换个角度来理解最朴实、最贫苦之人的精神信念。

为了增加圣人苦学的戏剧效果，卡拉瓦乔在圣马太上方绘制了天使的人物形象，一阵狂风吹乱了他的衣服，他赶紧用手敛起衣褶。

衣褶的动态显然是毫无理由的，是不现实的。这里我们可以清楚地看到达・芬奇对于卡拉瓦乔的影响：他经常给裹布、斗篷或衣服绘制不现实的动态感。在这幅画中，一阵突起的风打破了静止的画面，使得衣褶不自然地飘动。

天使从摇摆的衣褶中露出手臂，伸出手指向这位年迈的使徒一遍遍重复那些他不理解的知识："我再和你强调一遍：国家是谦逊者的，不要去控制、统治，而要去爱你的同族，这非常简单……我原谅你，因为你心中充满爱。"这样的坚持都是出自爱与怜悯。圣马太神情越发疲惫，目光因旋风而凌乱，思路也被这阵风所打乱。

卡拉瓦乔之前已经为同一出资人创作了一幅主题相同的画作，如今已遭损毁。在那幅画中，他着力强调了天使教导圣马太的辛苦，为了帮助他正确追随圣经的指引，天使甚至抓住了这位学生的手，而圣马太则一脸惊愕。

出资人对第一幅画感到愤慨，直接拒绝了第一幅画。我们知道，卡拉瓦乔在作品被拒绝后，并不会感到异常不满。这种事情时常发生，他甚至会因为买家的气愤而感到开心。他又创作了另外一个版本，用更巧妙的手法表现了相同的主题，兴致盎然地为画作注入了更多讽刺的意味。

正如所有大艺术家一样，卡拉瓦乔不能接受传统的刻板印象，特别是对待宗教题材，他总要求标新立异。在他的作品中，他从不因循守旧，总是为画作注入第二层解读，如讽刺、嘲讽等反面意味。

他的行为仿佛是在遵循圣斐理伯・内利（1515—1595）的告诫，他曾说道："你们描绘了现实，但请记住，上帝自己在创造现实时，最为关注的就是不要千篇一律。我们人类唯一可以实现的变化就是运用大量讽刺和强

图 37　柏林，博德博物馆（原名凯撒·腓特烈博物馆）（已损毁）

卡拉瓦乔，《圣马太与天使》（1602），223 厘米 ×183 厘米

图 37

烈的愉悦感来描绘现实。”

用愉悦与个性来进行创作，是精神独立、开放、自由之人所特有的。但这一特质显然不是世人所关注的，规则、约定、常规才是显而易见的主宰。

想要过得真实而放肆是多么困难且危险，我们接下来就能体会到。

## 麦克白的灵魂

你们一定读过或观赏过莎士比亚的代表作《麦克白》。你们应该也记得，这部悲剧里，在某个时刻突然出现了一个灵魂。那是班柯的灵魂，他在第一幕中被皇帝杀害了。鬼魂毫无征兆地突然出现，或者具体一点说，从舞台黑色幕布后的长椅出现。餐桌纵向穿过整个舞台，桌子四周坐着麦克白夫人、篡位的皇帝和宫廷之人。在他们头上，鬼魂直接出现了，站立着，消失了，然后又倒着出现，头朝下。他的身体仍被掩映在黑色的布景之中。（图 38）机关在哪里？如何营造舞台效果？很简单：一面大镜子、一块可以反射画面的玻璃板。将玻璃板放置在舞台中央，被谋杀的演员躺在桌子后面的地上，这样观众就看不到他。班柯的身体被反射器照亮，画面投射到镜子上。这时候，躺着的演员将脚向舞台口移动，这样他的身体通过镜子反射出来就是头朝下的形象。（图 39、图 40）

只需要关闭照射班柯身体的反射器，画面就会从镜子上消失。

同样的窍门也被卡拉瓦乔采用，当然是另有目的。

起初，卡拉瓦乔利用房间一侧窗户中透出的唯一一束光线来为模特打光，这条光线仿佛灯塔一样照亮了场景。为了不反光，墙面也被刷成了黑色。当然，为了作画，放在画架上的画布也需要被光线照射到。但从窗户照射进来的微光显然不够，卡拉瓦乔仍需要另一束干净的光线，即所谓的

图 38

图 39

TRUCCO DELLO SPETTRO

图 40

MODELLA E LUCE

图 41

LUCERNARI

FINESTRE E PANNELLI

图 42

图 43

辅助光线，而这束光线需要从对面墙上的窗户照射进来。第二束光线要被黑色的幕布所引导和阻拦，以免辅助光线四溢，破坏模特身上的光源。卡拉瓦乔意识到，照射在人物身上的唯一光源并不够明亮，还需要从高处射下一束逆光。（图 41）

他决定打开天花板上的天窗，从天窗投射进的日光可以丰富画面的明暗层次。为了避免随之产生的反光，他把画室的地板和天花板都涂成了黑色，使画室变成一间完全黑暗的暗室。此外，为了更好地掌握光线和逆光的效果，他使用了一种旋转的踏脚板，这样他就可以更轻松地找到理想的作画位置。而且，他还想出了利用舞台镜子的方法，开始根据镜子中反射出来的画面进行作画，而非直接依照原物临摹，由此得到了十分干净明亮的画面。当然，为使镜子里的画面更加清晰，反射板不能被反光干扰，因而整个背景都必须是全黑的。为了达到最佳视觉效果，卡拉瓦乔将模特或者一组静物模型放在黑箱子里，箱子朝向天花板的一面开口，另一侧直接面对镜子的一面也开口。（图 42，图 43）

卡拉瓦乔对公寓墙壁和天花板连续且极端的改造引起了房主的不满，毫无疑问，卡拉瓦乔被房东赶了出去。

与他同时期的画家一样，这个“伦巴第的米开朗基罗”使用了不同的模特。为了描绘某些特定主题，画面中呈现的模特数量经常超过 6 个。为了便于创作，也为了不让模特全部都几个小时保持一个姿势，卡拉瓦乔采用了一些假人，即会动的木偶，给他们摆好姿势，就如同圣诞节前表现耶稣诞生的雕塑一般。

在光线布置上，丁托列托甚至将他巨大画室的一部分改造成了真正的戏剧舞台，包括舞台侧幕和透视布景。演出的人物是关节会活动的牵线木偶，它们在一个可移动的平台上表演，这个平台可任意变换水平方向或倾斜角度。此外，整个舞台还可以旋转、上升或下降。这样，一旦木偶被放到舞台上，丁托列托和他的助手们就可以选择不同的视角：将场景翻转过来，从高处或从低处观察场景。

我们不确定卡拉瓦乔是否用过这么复杂的布景设备，但是有确切证据表明，他曾运用立体设备，采用各种当时已知的技术手段辅助创作。就像达·芬奇一样，卡拉瓦乔也是一个真正的机械学家，一个绘画领域的科学家。卡拉瓦乔不会机械地把科学运用到绘画里，他总是从规则中跳出，自主地描绘现实，为了渲染画面的戏剧性，他会将人物的动态张力最大程度地夸张呈现。

## 效仿柯勒乔

卡拉瓦乔曾经跟随柯勒乔（约 1489—1534）学习绘画，而柯勒乔则曾经尝试过丁托列托（1519—1594）的活动木偶模型创作法。

安东尼奥·阿莱格里·达·柯勒乔曾经在他的壁画团队中招募过两位很有才能的雕塑家来打造有活动关节且活动极其自然的人体模型。为了修复帕尔马教堂的穹顶，柯勒乔需要学习各种天堂的人物：孩童、天使、圣人、圣女，让他们在不同层次上呈现舞台般的画面效果。

真实的穹顶上雕刻着一连串人物，他们或从云中露出头，或倚坐在云端，这些人物造型都是用轻质材料制作而成的。所有这些雕塑都被柯勒乔放置在不同的平面上，利用星盘来判断人物之间的距离，这种星盘工具至今仍用于在航海中计算星星运动的过程。在确定构图后，柯勒乔开始教堂的修复工作，他需要将戏剧般的结构草图粘贴在穹顶上。草图上细细密密地扎满了小洞，并用在石灰中浸过的海绵沿着人物轮廓拍打，这样就可以在要作画的墙壁上得到一条十分明显的痕迹。然而长时间仰头朝上作画的姿势令人非常不舒服，这使得绘制穹顶的画家患上了多种关节病。

怎么解决这个弊端呢？柯勒乔和他的助手想出一个办法：他们挑选了

图 44　帕尔马大教堂

安东尼奥 · 阿莱格里（又名柯勒乔，1489—1534），

《圣母升天》（1526—1528）局部

图 44

一面镜子（最好是一面特大镜子）和一块巨大的板，这块板由大量不透明的玻璃组成，仿佛马赛克一样，可以反射出墙上的图像。这样画家就不必常常仰着头，他可以坐在固定于台子的脚凳上，面前是放在画架上的草图。如此一来，他可以悠闲地观察头顶的人物和反射在地面镜子里的画面，然后再从容地作画。没有资料显示卡拉瓦乔也用过相似的方法，但可以肯定的是，在卡拉瓦乔画作上方经常出现的天使和圣人形象，一定运用了非常类似的方法。

## 《逃亡埃及途中歇息》



接着让我们把目光转向《逃亡埃及途中歇息》这幅作品。卡拉瓦乔在28岁时创作了这幅作品。这幅画表现出了一种极其诱人的姿态，仿佛有一种宁静的魔力。

画面中央有一个天使，是一个极其优雅的女孩形象。她按照典型的希腊式少女的姿势，用一条腿支撑身体，臀部侧向一边，呈现出优雅的曲线。天使在肩膀上架着一把小提琴，正专心致志地演奏着。一条白色纺织布条缠绕着她，仿佛是长长的、飘逸的古罗马女士披肩，使其上半身和臀部的一部分以及两条腿都裸露在外，而布条上的褶皱像是被充满了音乐气息的空气所感染了一般跃动着。蹲坐在天使对面的是圣约瑟，他举着乐谱，这样天使在演奏的时候就可以很方便地翻页和调整谱子，同时舒适地浏览曲谱上的音符。一些音乐学家译解出了这份乐谱，并从中辨认出一首由音乐家法兰克·弗拉芒谱写的经文歌，这首歌的部分章节取自圣经里的《雅歌》。

这首乐曲颂扬了圣约瑟与他妻子圣母马利亚之间的爱情，其中有像诗歌一样值得我们细细品味的片段："你是多么的美丽，多么的可爱，我最亲爱的，我是那样深深地爱着你。你纤细的身体舒展开来，好似一棵棕榈树。你的双乳就像是棕榈果一样，让我忍不住想用嘴唇去品尝一下，这两颗果实的味道无疑会比蜂蜜更加甜美。"

歌曲中马利亚的形象与《雅歌》中的新娘十分相似。她的头发颜色略微发红，正如同《雅歌》所描绘的那样："你的秀发就如同国王衣服上的红色一样。"这是救世主拯救世人于苦难之中的血液的颜色。马利亚抱着耶稣睡意昏沉，也正与《雅歌》另外一段里描述的场景如出一辙："我睡着，但我的心却一直醒着。"

照射着人物的光线来自画面的左侧。这是一束偏北方向的微光，也就

图 45　罗马，多利亚 · 潘菲利美术馆

卡拉瓦乔，《逃亡埃及途中歇息》（1595—1596），135.5 厘米 ×166.5 厘米

图 45

是说它来自落日时分的太阳。光照在地面上投射出长长的影子，同时也令画面笼罩上一层柔和的金色光晕。正如我们从画中看到的，在画面右侧风景的底部，一道金色的光芒横穿而过。

在画的第二层中，圣约瑟和天使的脸部中间露出一头驴子的一只大眼睛。这头驴子正听着这场别开生面的音乐会，露出惊异而又陶醉的表情。天使的翅膀十分壮观雄伟，但奇怪的是，它是由巨大的黑色羽毛组成的。

图 46　罗马，多利亚 · 潘菲利美术馆

卡拉瓦乔，《逃亡埃及途中歇息》（1595—1596），局部

图 46

鸟类学家确信这是某种猛禽的翅膀。卡拉瓦乔似乎是观察到了一个真实存在的翅膀，并试图借此表达自己的想法，但他又是从什么地方发现如此雄伟的翅膀的呢？唯一的可能就是他采用了现实中一只鹰的翅膀的形象，并运用到对天使形象的创作中来。

在画的第二层右侧，我们可以看到抱着婴儿的圣母马利亚，他们两人拥在一起熟睡。马利亚有着一个小姑娘似的脸庞，她仿佛是在经历了诸多的劳苦和过于激动的情绪之后，终于寻得了一丝安宁，而母子二人也正是沉浸在这份安宁之中熟睡着。

这幅画的创作场景和方式并不是由卡拉瓦乔原创的，而是明显受到了另外一幅作品的启发，想必卡拉瓦乔十分熟悉这幅作品。它是由安东尼奥·阿莱格里（即柯勒乔）于约1517年——也就是早于《逃亡埃及途中歇息》近一个世纪创作的作品。

的确，卡拉瓦乔借鉴了这位大师的许多创作技巧。这幅作为卡拉瓦乔创作模板的画就是我们熟知的《吉普赛女郎》。在这幅作品里，马利亚同样有着几乎是孩童般稚嫩的面孔，并且怀中抱着小耶稣，两个人脸贴着脸，依偎在一起熟睡着。

## 两幅真假柯勒乔的画作：抱着孩子的圣母马利亚

柯勒乔的这幅画作被收藏于那不勒斯的国立卡波迪蒙特博物馆。多亏了一幅黑白的复制品，我们才能发现，由于当时监管部门的干预，这幅存放在博物馆内的真迹是在很大程度上被修改过的，或者更准确地说，是被腐蚀过的。

更不可思议的是这幅解放了我们对原作真实认知的复制品被创作出来的年代，即1934年。也就是说，在法西斯体制统治下的那段时期，当时在艺术作品方面的监管者们正忙着进行一项工作，这项工作是要去除掉艺术作品中包含的关于《雅歌》比喻性的引用。这里所说的《雅歌》，就是我们先前提及的圣经中的那个（这也多亏了我们从卡拉瓦乔画中的圣约瑟手里辨认出的曲谱），它被安插在《逃亡埃及途中歇息》的一个章节中。《逃亡埃及途中歇息》故事取材于公元 2 世纪的伪福音书，这本福音书讲述了圣母马利亚和她孩子的故事。当他们穿过炎炎烈日的沙漠的时候，两人都处于极度脱水的状态。这个时候，两位天使从天而降，将一棵棕榈树按向地面，这样就使得棕榈树的树干被压弯，而它长满了鲜美多汁的果实的树枝也落到了地面上，于是他们母子二人就能够轻松地将果实采摘下来食用。

在对这幅画进行篡改的时候，监管者们首先让其中的一个位于画面更上方的天使消失了，主要是因为这个长着翅膀的小天使正在用力将棕榈树的树枝压弯，以便圣母马利亚和小耶稣能够摘到。

接下来我们注意到，还是一个小婴儿的耶稣，他的头部并没有像原画作里的一样，朝向马利亚胸部的方向。他的脸被用粗暴的手法扭到了另一边，这样一来，他的嘴就离他母亲马利亚的胸部更远了。

最后做一下总结，我们已经发现一位小天使从天空中消失了，那些在画面中央朝着圣母马利亚胸部方向垂下的棕榈果也被擦除了，至此，一切关于圣经之中那首爱情赞歌的引用成分都已经被抹去。同时，也是为了使这件事情彻底地不为人所知晓、不让人们从中感受到圣经的元素，有一只在画面左侧底部探出头来的小兔子也被移除了，这样就避免了人们产生一种爱情与后代的繁荣昌盛息息相关的念头。

图 47　那不勒斯，国立卡波迪蒙特博物馆

安东尼奥·阿莱格里，又称柯勒乔（1489—1534），

《吉普赛女郎》（1516—1517）

图 47

图 48　那不勒斯，国立卡波迪蒙特博物馆

安东尼奥·阿莱格里，又称柯勒乔（1489—1534），

《吉普赛女郎》（1516—1517）修复前（约 1934）

图 48

## 耶稣、圣母马利亚和小圣约翰

柯勒乔的另外两幅画作，为我们提供了更多的人物形象，使我们更加完整地认识到了卡拉瓦乔对于爱情主题的强烈热爱。

在第一张画布上画着《哺乳耶稣的圣母马利亚》，我们可以看到马利亚仍然有着一副非常年轻的面庞，她正把她的乳房给怀中的小婴儿吮吸。他们的旁边还有另外一个小孩子，他很可能就是小圣约翰。这个小孩子的肩膀上长出了一个小小的、几乎只有一个轮廓的翅膀。但显而易见，这是经典的小圣约翰的形象，我们在列奥纳多·达·芬奇和许多其他画家的作品中都已经见过他了。这个在日后会成为施洗者的小婴儿，其中一只手中拿着棕榈果给耶稣吃。这里对于称颂爱情的《雅歌》中乳房的比喻也是显而易见的。小耶稣十分困惑，不知道应该接受小圣约翰给他的棕榈果，还是他母亲给他吮吸的乳房。由此，也产生了一个所有小孩子都会玩的关于交换的游戏："如果你让我尝一下你妈妈的乳汁，我就给你棕榈果。""不，你拿好你自己的果子，我不想要。我更想要我妈妈的乳汁。如果我喝完了，我妈妈的乳汁还有多的，我会给你一点点。"

由这个典故流传下来的对话，充满了甜蜜的讽刺和简洁明快的乐趣。

图 49　布达佩斯，布达佩斯美术博物馆

安东尼奥·阿莱格里，又称柯勒乔（1489—1534），

《哺乳耶稣的圣母马利亚》（1524—1526）

图 49

## 耶稣、圣母马利亚和抹大拉的马利亚

接着，让我们把目光转向第二张画布，这仍然是柯勒乔的作品，这幅画的名字是《一天》。这幅画里的人物形象和之前我们所看到的发生了十分巨大的变化。画中马利亚的脸庞与其他部分格格不入，仿佛她不应该是画作中的一部分一样。事实上作者想表达的是，她的脸庞已经变成了一副面具一般，只是一种隐喻的存在。

一个天使把一本福音书递给婴儿耶稣，这本福音书刚刚被杰罗拉莫从希腊语翻译过来，他位于画面边缘的地方；婴儿伸出他的一只胳膊，想要抓住那本福音书。抹大拉的马利亚的头几乎是靠在婴儿的胸口，并且能明显感受到她沉浸在爱恋般的极乐情绪之中。耶稣用他的小手抚摸着抹大拉的马利亚的头发，这个女人也将会是他在伪福音书和民间传说里的爱人，甚至最后成了他的新娘。在这个情景之下，非常突兀地产生了一个明显是时间错乱的奇怪现象：我们的救世主耶稣还只是一个小婴儿，但抹大拉的马利亚已经是一个花季少女了。不过，显而易见的是，这个时间错乱的现象并没有影响到任何人。

图 50　帕尔玛，国家美术馆

安东尼奥·阿莱格里，又称柯勒乔（1489—1534），

《圣杰罗拉莫的圣母（一天）》（1526—1528）

图 50

图 51　罗马，圣王路易堂

卡拉瓦乔，《圣马太蒙召》（1599—1600），322 厘米 ×340 厘米

图 51

## 《圣马太蒙召》

毫无疑问，《圣马太蒙召》是卡拉瓦乔最杰出的作品之一。为了能够全面地理解这幅画作的历史内涵和它所包含的寓意，我认为有必要先从那

图 52　洛桑，州立美术馆

弗朗索瓦·杜鲍伊，《圣巴托罗缪大屠杀》（1572—1584），局部



场被称为“胡格诺派教徒大屠杀”的可怕事件开始说起。这场大屠杀又被称作“圣巴托罗缪大屠杀”，克里斯托弗·马洛最著名的悲剧作品《巴黎大屠杀》，描述的正是这一事件。

而这场大屠杀，也正是发生在 1572 年的巴黎。

胡格诺派教徒这个名字，来源于一场新教徒掀起的抵抗运动。这场运动起源于法国，目的是抵抗罗马教徒领导的天主教改革。在接近 16 世纪末的时候，胡格诺派教徒无论是从人数上，还是在政治影响力方面，都发展得非常之快，以至于令法国统治者十分警戒。

图 52

在佛罗伦萨美第奇家族的卡特琳娜的怂恿之下，法国统治者决定用武装暴力，彻底清除为数众多的胡格诺派的领导者及其追随者们。国王查理九世和他的政党组织了一场大屠杀。仅仅在 8 月 24 日一个晚上，就有超过一万名“异教徒”惨遭屠杀。

幸运的是，一位年轻的胡格诺派王子、波旁家族的亨利——也就是后来的亨利四世，在这场大屠杀中幸存下来。在我们看来，他能够幸运地躲过对他的刺杀，要归功于法国女王的出手相助：她组织的逃跑行动让亨利成功地躲过了一劫。亨利曾一度被劝服，放弃了自己的宗教信仰，但是后来在重新思考了一番之后，他又皈依了胡格诺派。

## 亨利四世（即圣马太）肖像

请你们认真地观察一下亨利四世的肖像：在绘制这幅肖像的时候，亨利四世国王大约五十岁。在另外一幅肖像里，他则显得年轻得多。（图 55）

现在，让我们对比一下在最后一幅肖像和在卡拉瓦乔的作品《圣马太蒙召》中，圣马太的外表有什么区别。

请你们注意，这两幅画中是同一个人。除此之外，这两个人都如同一个典型的法国人一样盛装打扮，衣着十分优雅。（图 56）

很明显，我们可以找到这两幅画关联着的东西，或者你们也可以管它叫重叠的东西。这两幅画分别和它们背后不同的两段历史故事关联在一起：一个是对圣马太形象的塑造，另一个则是对法国国王亨利四世的塑造。

图 53

图 54

图 53　佛罗伦萨，乌菲兹美术馆

（小）弗朗兹 · 帕布斯（1569—1622），《亨利四世画像》（约 1612），局部

图 54　罗马，圣王路易堂

卡拉瓦乔，《圣马太蒙召》（1599—1600），局部

图 55

FINE '500

FRANCIA

图 56

奇迹般地生还的亨利四世自然不会忘记那场由天主教徒策划的大屠杀。教皇不断鼓动亨利四世向罗马教廷靠拢，也希望他能再一次放弃胡格诺派的信仰。教皇西斯笃五世对亨利四世发出的邀请十分诚恳，同时向他许下很多承诺，这些承诺从政治角度上看还是很有诱惑力的。“巴黎也应该得到一场弥撒”，这句话是亨利四世用讽刺的口吻说出来的，也同时完美地表达出他的决定：接受教皇的邀请。对于天主教廷来说，法国国王放弃胡格诺派的信仰并皈依天主教，这件事给他们带来了极大的优势。这使得法国重新成为基督教正教国家中的一员，而教皇西斯笃五世也得以立刻从西班牙霸权常年向他施加的勒索压力中解放出来。简单点说，现在这场政治斗争游戏不再是两个人在参与了，而是三个。

正因如此，教廷内的大部分人都将法国的浪子回头看作一种神迹。然而接下来，这位前胡格诺派教徒的皈依引发了严重的分歧。罗马教廷的内部诞生了两个相互对立的派别——亲西班牙派和亲法国派，而这两个派别之间日复一日的交锋也导致了无数人因此而牺牲。

不过，让我们回到作品上来，它长期存放在罗马的圣王路易堂中，这并非偶然。我们应该承认，这意味着我们故事的主角，是作为亨利四世，在召唤他的臣民加入天主教并成为“圣教堂”的一部分，而并非是作为圣马太，在召唤民众成为胡格诺派教徒中的一员。

现在让我们观察一下墙边缘的那扇窗户：它很暗，只有微弱的光透过窗子上的玻璃照进来。与此同时，窗子本身也被从对角线位置斜射进来的一道强光割裂开来。这道强光横穿整个场景，洒在所有坐在桌边的人物身上，也吸引了他们的注意力。这个场景简直就是福音书中下面这段话的完美注脚：“天空中有光。一道强光照亮了一切，让事物变得清晰可见。这是真理之光，但是你却没有发现它诞生在哪里，又来自何方。于是，你依旧处在黑暗之中（注意看画中坐在桌边正在专心致志地数钱的那两个人，他们完全置身事外），没有注意到这道光在召唤你，你便永远地停留在漆黑一片的世界里，看不清任何事物。”

为了佐证我刚才的观点，现在请你们把注意力放在另一个细节上面。在画面右侧，人物的脸庞被光照割裂，并且出现了一个有着基督形象的人。他用手指向圣马太，或者更准确地说，是指向了亨利四世，似乎是在强行让亨利四世听从于他：“我正在和你说话，集中注意力听我说！”（图57、图58、图59）

我们可以在耶稣旁边看到圣彼得，然而这个人物形象在这幅画最初的版本中并不存在。我们只看一下这幅画的X光照片就能发现，圣彼得的形象消失了。事实上，他之所以会出现在后来的画作上，完全是向卡拉瓦乔订购这幅画的人，也就是奥拉托利会的神父们，强加上去的。他们也或多或少地注意到了一点：“这幅画棒极了，画里面对于主的‘召唤’以及人物双重形象的描绘也显而易见。不过，这里没有提及罗马教会，对了，就差一个圣彼得。”“没问题，”卡拉瓦乔肯定这样果断地回答道，“我这就把伟大的教会创立者圣彼得放到主身边。”于是他立刻就画了。

我想要强调一点：大部分艺术评论家不太注意画作背后的历史事件，但正是这些事件决定了艺术家的创作手法，并在他们的作品上打上深深的烙印。就我个人来说，我读过数十篇关于《圣马太蒙召》的论文，然而只有其中的两篇提到了画中非常直白的关于人物双重身份的隐喻——既是国王亨利四世，又是圣马太。现在，让我问一问你们：为什么几乎所有讨论这幅画的学者都没有提及我们能看到的这些隐喻？是因为不够专注，还是因为太肤浅，抑或粗心大意，又或者像他们自己所说的那样，是为了避免把艺术批评与政治联系在一起？所有人都知道，最好还是避免把艺术和所谓的政客之间的斗争纠缠在一起……

但是我相信，这种解决方式并不正确，也是在用不诚实的态度对待艺术。甚至我敢说，类似这种思维方式，是应该被强烈抨击的。

图 57

RADIOGRAFIA

图 58

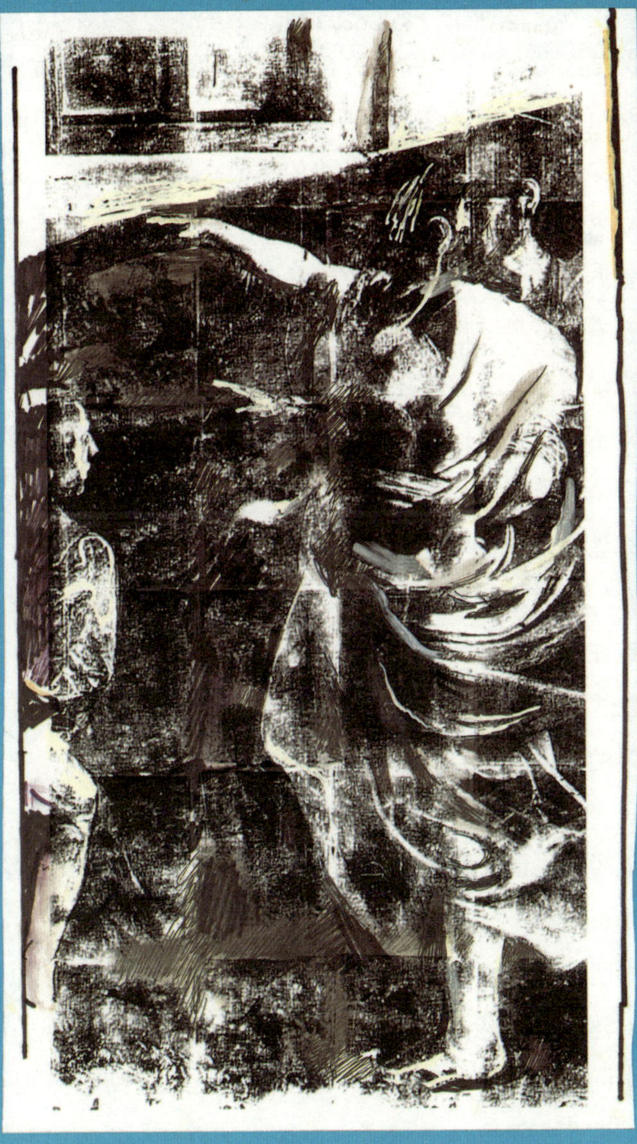


图 59

## 《圣马太的殉教》

接下来让我们欣赏另一幅画作，这幅画也同样是关于圣马太的：它描绘了圣马太之死。这幅画与我们刚才讨论的那幅一起，并排展示在圣王路易堂中。我们首先注意看圣马太的衣着。使徒穿着一件天主教教士的长袍，你们仔细观察就会发现，这与法国国王亨利四世在宽恕日和他重新皈依天主教的那天穿着的衣服，有或多或少的相似。因此在这里，又一次出现了关于历史故事和人物形象的双重隐喻。

为了强调这幅画中国王的存在，让我们观察一下亨利四世的两个仆从的外表以及衣着打扮，这两个人出现在画面靠上的位置，而他们的面孔和法式的头饰都与《圣马太蒙召》中我们看到的一样。

在非常不易察觉的地方，我们可以看到画家本人的脸，而这部分与整幅画里的剧情没有任何关联。的确，这个人就是卡拉瓦乔，他在非常隐蔽的地方，充满惊异地斜视着整个场景。

但是我们知道这幅画也存在两个版本。这两个版本都画在同一块画布上，我们现在看到的是第二个版本，而最初的版本则覆盖在下面，被掩藏了起来。通过X光照片，我们可以清晰地看到第一个版本。在这个场景里，充斥着大量的男人，他们都在奋力地屠杀那些无辜的人们，就像是在用叉子叉金枪鱼一样。很明显，这是想要对圣马太殉教的历史做出修改，并在其中叠加上对胡格诺派的大屠杀这件事情，即“圣巴托罗缪大屠杀”。（图62、图63、图64）

不过很明显，这幅画作的订购者们又一次地介入了画家的创作。这一次，他们对这幅画的意见变得更大了：“哦，不！还是老样子！我们现在又回到这个问题上来了……又提到了巴黎大屠杀这件事。真是够了！这都是些什么？我们把圣马太变成了一个被天主教徒们杀害的胡格诺派教徒

图 60　罗马，圣王路易堂

卡拉瓦乔，《圣马太的殉教》（1599—1600），323 厘米 ×343 厘米

图 60

吗？拜托你稍微控制一下自己，仅仅是展现一下这个使徒的牺牲就好了。”想必你们也都知道这位画家的性格，我们可以想象会产生一次怎样的讨论，但是在最后，卡拉瓦乔肯定还是会妥协：“那么，我们就让圣马太的殉教变得突出一点，同时国王的献祭仪式则保持不变。”

这里还有一个相当不同寻常的剧情。

我们现在来观察一下处在画面正中央的这个半裸的卫士，他正要刺向

图 61　罗马，圣王路易堂

卡拉瓦乔，《圣马太的殉教》（1599—1600），局部

图 61

倒在地上的圣人。在他们附近，一个小男孩被吓坏了，他正张大了双臂，大声地呼喊着。在小男孩的上方，一个天使从云朵形成的阳台中探出头来，把手中的象征着殉教的棕榈伸向那个即将牺牲的遇难者。在刺杀国王的卫士的肩膀上，露出了卡拉瓦乔的脸，他正在观察着整个事件，脸上浮现出吃惊的表情。在画面的两边，我们可以观察到两个穿着法式衣服的小男孩，以及其他一些同样十分吃惊的人，他们表现得犹豫不决，不知道是应该在

MARTIRIO DI SAN MATTEO
1599-1600 ORIGINALE

图 62

RADIOGRAFIA

图 63

1599-1600
SAN MATTEO

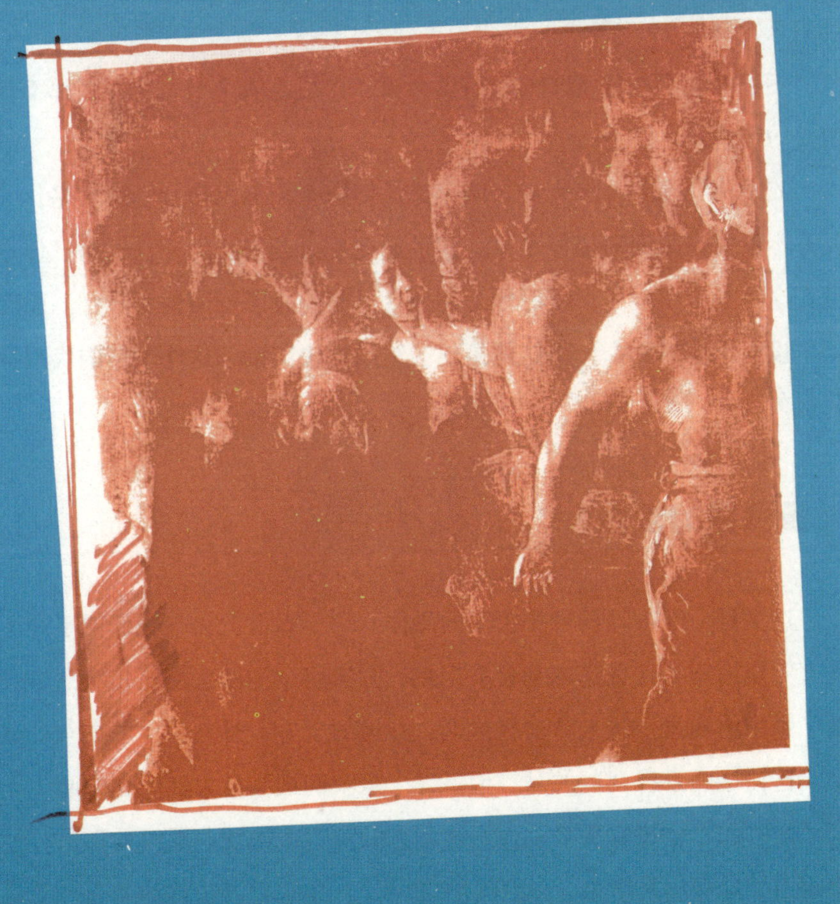

图 64

原地，还是应该逃跑，这些画面几乎像是整个场景的侧幕一样。在画面最前面的一层里，一个男人侧身倒在地板上。

现在让我们来总结一下。很奇怪的是，在这幅画对人物的双重隐喻中，很明确地做出了一个预测：刺杀。这个预测相当的精准，因为它不仅仅预测出了这个使徒被杀害，还预测出了法国的国王被刺杀。事实上，我们应该还记得，亨利四世正是在1610年被一名疯狂的神父刺杀的。不仅如此，更令人不可思议的是，在国王被杀的同一年，卡拉瓦乔去世了，就好像这场刺杀轮到他了一样。

不过，我们在接下来的章节里会更加详细地谈论卡拉瓦乔在那不勒斯遭受的袭击。

我不相信占卜、预言或者阴谋论，但有一个不容辩驳的事实是，卡拉瓦乔不仅仅在画面里描绘了亨利四世遭受暴力袭击后的死亡，而且他本人也在这幅画里出现了，就好像是在他自己面前放了一面镜子一样。这面镜子里投射出他的死亡，而这就是他的结局。说实话，这件事情的确困扰了我很久。

## 《圣保罗的皈依》

这又是一幅被订购者拒绝了的画作。第一眼看上去，我们似乎并不能凭直觉想出来为什么这幅画会被拒绝。画家用一种彻头彻尾传统的方式描绘了画中的场景：圣人跌落在地面；在他的上方，马夫用尽了力气，试图牢牢拴住这匹难以驾驭的马。但是，一旦我们把注意力转向这幅画中一些细节的时候，就能发现在画面右侧上方的位置，出现了耶稣的形象，他似乎很迫切地探出身子来，从马上方的位置，扑向已经坠落的圣人。圣保罗跌倒在地面上，用双手捂住自己的眼睛，想要保护自己免受上帝之光的侵

图 65　罗马，奥德斯卡尔奇·巴尔比收藏

卡拉瓦乔，《圣保罗的皈依》（1600—1601），237 厘米 ×189 厘米

**图 65**

害，而这道光正在使他变得失明。在画面上方，一个天使用力拉住了猛地往下冲的耶稣。然而，上帝之子耶稣哪来的如此疯狂？

很快，我想到了一件事，圣保罗这个名字来自索尔，这个人物曾经出

现在《使徒行传》当中。作为罗马镇压行动的一员，这个希伯来人却是在开展另一项工作：他在取得了罗马人的信任之后，成了一名告密者，使得基督教徒遭到了迫害。总而言之，他是一个间谍。

“但是为什么我和我的百姓都遭到了迫害，你这个该死的无耻之徒！”救世主似乎是在大声呼喊。他说的无疑是最早的那些殉教的人，这些人为了他们的信仰付出了生命。在这些人里第一个牺牲的，是他的兄弟贾科莫。贾科莫遭到了背叛，被一个虚伪的追随者揭发了。

很显然，订购这幅画的那些人不能接受这样一幅作品，因为它很直截了当地包含了对基督教活动创立者的谴责。对于基督教来说，圣保罗是一个中轴似的人物，因此不能把他交到狂怒的耶稣的手中，任凭耶稣来处置。他是一个可以被解救的人，能够被上帝所指引。因此还是不要涉及这个话题，就此打住吧！

对于卡拉瓦乔来说，也只能重新画一次。

这一次，不会再出现耶稣复活了之后、从云层中探出身子的场景了，而是很明显地，只有等待被解救的人从马背上坠落。这匹难以驯服的马显得十分健壮，占据着整个画面的大半部分。

这个时候，有一些在观赏这幅画的人就会挑衅似地问道：“但是在这里，谁才是主角呢，是马还是坠马的人？他们二者之中，谁才是圣人呢，是马还是马下方的人？”卡拉瓦乔回答道：“二者都不是，而是那道光。它反过来照亮了这匹马，并指引着它把圣人摔下去。”

在这幅作品里，运用了几何动力学的作用力与反作用力，这一点显得十分特别。注意观察这个椭圆形，这里面包含了马和跌落的圣人的躯干。因此，这两个旋转的、相对的抛物线，朝着两个不同的方向延伸：一个跟随着张开的双臂的弧线，并向马和马夫头部的方向上升；另一个从马背部的地方开始，沿着马的鬐甲划过，并向下方坠落。

图 66　罗马，人民圣母教堂切拉西礼拜堂

卡拉瓦乔，《圣保罗的皈依》（1600—1601），230 厘米 ×175 厘米

图 66

图 67　米兰，圣卡洛圣母教堂

阿雷桑德罗·邦维奇诺（又称莫雷托），（1490／95—1554）

《圣保罗跌下马》（1541）

图 67

这两个弧线形成的环绕的圆环强调了画中人物的行为，令人物坠落地面时产生的撞击更有冲击力，几乎能让人感受到他坠地时“砰”的一声。

我敢肯定，卡拉瓦乔的一个来自伦巴第的老师莫雷托，曾用他本人的一幅相同主题的画作，给他提过建议，让他把马的形象放在这幅悲剧作品的中央。

但是在这幅表现圣人皈依的画作中，却无疑少了一些人物动态形象的创新成分，画家采用的绘画手法，一个是相交的圆环，另一个是通过两个相反的作用力的互相推动，制造出一种原创的戏剧性的效果，而这个元素在卡拉瓦乔的作品中已经是屡见不鲜的了。

## 卡拉瓦乔作品中的平衡与不平衡

我的两个来自布雷拉美术学院的老师，傅尼和卡拉，在讨论卡拉瓦乔作品的时候，就其中的一个问题达成了共识。

他们说：“你们注意观察卡拉瓦乔画中的场景。你们从来不会觉得这些场景处在永恒的静止状态。画中所有的元素都是倾向于一种运动中的状态。每一个人物的举动似乎都有一种推动力，以至于可以持续让画面产生出张力。当然，也存在着一些停顿的时刻，就类似音乐中的停顿，这是处于平衡之外的状态。在某个瞬间，它就停留在那里。看起来这似乎是最终的状态了，但是就像你所知道的那样，在下一秒钟，这种状态就不会继续维持在你眼前。请你们集中注意力观察，当你们将视线转移到画面之外，再重新回过头来看这幅画的时候，就会很容易发现在这种状态下，场景之中包含的那些人物和事物，都已经不见踪影，他们都浮现于画布之外了。”

# 《圣彼得被钉十字架》

通过这幅画，我们可以看出卡拉瓦乔和与他同时代最重要的那些画家最大的不同，即在于遍布和流动在他每一幅作品中的动态的张力。

在这幅表现上帝的第一位使徒受难的画面中，一群暴怒的人正在把圣彼得钉上十字架。其中的一个人用肩膀顶着十字架，几乎要被十字架的横梁压扁。为了使上力气，他把脚顶在一块石头上。这块石头实际是隐喻了基督教的基石，即教会的创立者圣彼得。

另外一个刽子手也在抬十字架，他用双臂紧紧地抓住了横梁。第三个人用了一根绳子，想要帮忙把十字架提起来。这是一个极富张力的动作：拉紧的绳子就像弓箭上的弦。

圣彼得似乎随时都会从十字架上掉下来，而那些把他钉住的人看起来也处于一种不稳定的平衡之中。这正是我们之前讨论过的：画中的全部人物随时都会变化，不会一直停留在这种不平衡的状态中，或许他们会重新尝试取得平衡。

对于这幅画来说，这种动态的变化过程永远不会停止。

一切都在不稳定的道路上行进着，就好像生命之旅一样。

我对这幅画的分析展示了其中人物动作的力学原理。（图 69、图 70）

首先，画中有留白。一条笔直的线与横梁上被拉紧的绳子形成了一个三角形。两条视觉引导线形成了两个大大的“S”形，就像是支撑起画面的拱廊。通过这一点，我们可以很明显地感受到卡拉瓦乔所掌握的几何学方面的知识，在对整个画面进行设计的时候，我们能清晰地看出，这些场景都是经过深思熟虑并且经过计算的。

没有什么是偶然之中诞生的，也更没有什么是即兴创作出来的。

图 68　罗马，人民圣母教堂切拉西礼拜堂

卡拉瓦乔，《圣彼得被钉十字架》（1600—1601），230 厘米 ×175 厘米

图 68

图 69

图 70

图 71　波茨坦，无忧宫，施洛瑟花园

卡拉瓦乔，《圣多默的犹疑》（1600—1601），107 厘米 ×146 厘米

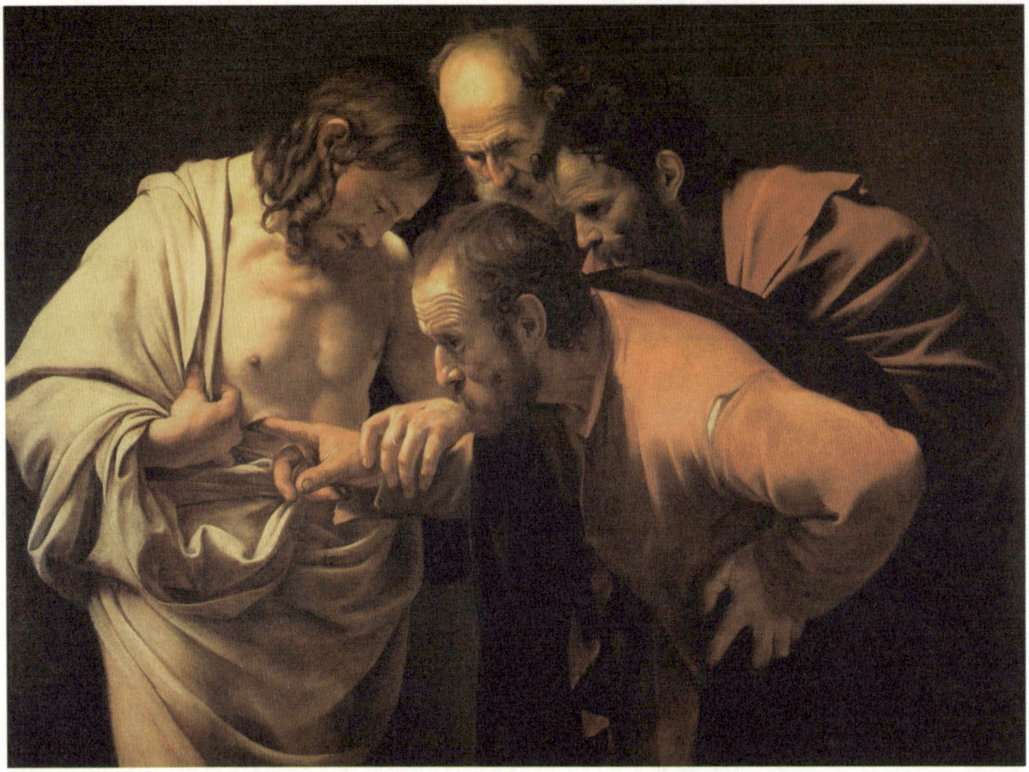

图 71

## 《圣多默的犹疑》

我们接下来看另一幅画，这幅画我尤其喜欢：我觉得这是一幅相当优秀的作品，一是因为它所表现出来的带有讽刺意味的暴力色彩，二是因为他对人的不同维度的表现。

画中描绘了这样一个时刻：面对着犹疑的圣多默，复活的耶稣强迫他把一根手指插进他肋骨上的伤口里。伤口的裂缝张开着，就像是一张嘴一样。耶稣抓住了圣多默的手，并用力将它向伤口里面戳。使徒圣多默尝试

着抵抗，他被此时这个荒谬的场景搞得心烦意乱。

让我们在画里标注一条假想的线，使它穿过画面中间的位置，我们会发现这条线与人物的动作是吻合的。圣多默的左前臂被举到了和他刺进耶稣伤口的手相同的高度，这使他的动作看起来像是一支长矛一般。

一束光线穿过了整个场景，仿佛是在强调这支我们想象中的“长矛”，这使得它产生了强大的视觉冲击力。圣多默弯曲的手肘好似一张被拉紧的弓箭。耶稣的身体被这道光柱照射着，光线布满了他身上的伤口。

这是绘画作品中场景设定的一次巨大创新，它同时也是我们看到的最初一批使用了投影灯似的光线的作品之一。毫无疑问的是，卡拉瓦乔在去他那个时代的剧院的时候，不仅仅注意观察了如何使人物的动作富于戏剧性，更是学习到了给人物打光的技巧。

## 《小圣约翰》/《被解救的以撒》

这幅画有两个完全不同的为人们所熟知的名字，《小圣约翰》和《被解救的以撒》。

在第一种情况下，作品里的主角是小男孩约翰，他抱着一只公羊，显得兴高采烈。我们知道公羊的形象是对基督的比喻。事实上，在基督教活动最初的几百年时间里，我们经常可以从地下墓穴中挖掘出的画作里看到这个形象，这个形象也同样被雕刻在古代基督教徒的石棺上。它在画中出现，向我们说明了卡拉瓦乔接受了创新者的想法，即对福音书的重新阅读。这个想法得到了博罗梅奥家族的支持，同时也被卡拉瓦乔的拥护者所采纳，其中就包括著名的使徒菲利普·内里以及他的奥拉托利会。这些人我们今天将他们定义为天主教的进步人士。

图 72　罗马，卡皮托利欧美术馆

卡拉瓦乔，《小圣约翰》（1602），129 厘米 ×94 厘米

图 72

因此，施洗者、小男孩约翰的这个动作，抱着的形象其实是耶稣。这幅画就像是一出关于酒神的哑剧，那些无处不在的保守主义者一点都不喜欢它，譬如某一个思维落后的罗马教士。或许是因为这个，他们希望卡拉瓦乔改变画的主题和主角："这一切都快停下，不要再涉及这个施洗者了，还是描绘一下以撒吧。他被他父亲残暴的双手撕扯，以至于他决定盲目地、绝对地遵守万物的创造者的欲望，尽管这些欲望十分疯狂。"

天使十分及时地赶到了，刚好把这个孩子从他父亲亚伯拉罕的魔爪中拯救下来，并朝着他的两臂之间的位置丢去一只山羊。上帝看到这个场景，非常满意，于是赦免了山羊，终止了应该执行的惩罚。以撒十分欣喜，抱着山羊开心地大笑着，就像这山羊是自己的兄弟一样。

但很明显，就我个人而言，还是更喜欢第一个版本，因为它包含了非凡的创新。

卡拉瓦乔本人却对这个比喻并不是很满意：在画面的正中央，他让约翰在一块红色的呢绒绸缎上面弯曲着身体，这块绸缎暗示着耶稣牺牲时流的血。如果我们从解剖学的角度去分析的话，为了强调施洗者约翰充满了喜悦的粗鲁行为，这幅画的人物构图比例十分牵强。

## 构图比例的技巧

当谈到这其中的关系和方法的时候，我要向你们展示一种技巧。假如我们把小圣约翰的人物形象颠倒过来的话，就会发现他的右腿被拉长了许多，尤其是相比于上面弯曲着的左腿。让我们把这幅画调整到它正常的位置，现在我们可以很清晰地看出来这幅画在人物比例上的牵强。相比于左腿，这个小男孩无论是右腿的大腿还是小腿，都比实际的比例要长一些。

图 73　巴黎，卢浮宫

卡拉瓦乔，《圣母之死》（1604），369 厘米 ×245 厘米

图 73

这种不同维度上长度的差异因为透视作用的影响而显得并没有那么不协调，但这仅仅是一种权宜之计：事实上，正如我们先前所提及的那样，画家想在这里制造出来的效果，是一种肢体上被激怒的感觉，从而凸显这个小男孩动作的粗鲁。

在1606年，卡拉瓦乔已经变成了一个名气十足的顶级画家，收藏家们会互相争夺他的作品，许多基督教会的团体会向他预定作品，并且为了得到这位绘画大师的一幅画作，会提前支付给他一笔相当可观的定金。

卡拉瓦乔在绘画方面非凡的创新不仅仅在他作品中制造出了惊人的效果，同时也开创了一个新的画派。很快地，许多年轻的画家，甚至是一些已经成名的艺术家，例如巴廖内和真蒂莱斯基，都开始模仿卡拉瓦乔对光线的运用和几何构图的方式。由此也诞生了一群忠实的追随者，他们被称为“卡拉瓦乔画派”。在这些热烈的崇拜者之中，也包括了彼得·保罗·鲁本斯，他甚至还绘制了一幅《基督下葬》的仿本。卡拉瓦乔在罗马完成的最后一幅作品，是1604年的《圣母之死》。在完成这幅作品的时候，卡拉瓦乔第一次用一种戏剧演出的方式完成了人物形象的塑造。为了强调戏剧舞台般的场景设定，画面的上方被一块宽大的、拉起的红色幕布覆盖住。那些围绕在圣母马利亚周围的、沉浸在悲伤之中的人物都被画面底部打过来的光线照亮，也就是说，画面中的人物几乎是完全处于逆光之中。马利亚的身体被放置在画面中央一副简易的担架上面。

这幅画是由特拉斯提弗列地区的加尔默罗会赤脚修士订购的，但是他们拒绝接受这幅作品，“因为卡拉瓦乔创作的圣母形象就像是他所钟爱的妓女一样”，“因为卡拉瓦乔创作的圣母仪态毫不端庄，体形十分臃肿”，就像是被淹死的一样，“同时她的双脚还露在外面”。

当卡拉瓦乔试图把这幅被拒绝了的画作卖给另外一个收藏家的时候，发生了一件事情，将他的生活彻彻底底地打乱了。一些诽谤他的人评论道:

1600
LIBELLI
SCURRILI
CONTRO
IL BAGLIONI
CHE DIVERRÀ
SUO BIOGRAFO
1604
MINACCE E INSULTI A SBIRRI

图 74

1605 RISSA CON
NOTAIO
SPACCA
VETRI
CADE
SULLA
PROPRIA
SPADA

图 75

“一个像他这样暴躁的人，常常与他人发生争执，除了这种创作的方式，也没什么别的能耐了。”

既然提到了这一点，我觉得还是很有必要依照时间顺序，列举一下卡拉瓦乔在生活中曾经出现过的放肆的言行，不过我不会对此加以评论。（图 74、图 75、图 76）

1600 年：用剑刺伤了吉罗拉莫·斯坦帕，给他造成了很大的伤害。

1603 年：创作了一系列诽谤乔瓦尼·巴格林的庸俗的诗。不过荒谬的是，这个人最后成了卡拉瓦乔传记的作者。

1604 年 8 月：一个酒馆伙计指控卡拉瓦乔把一盘洋蓟扣在他的脸上。

1604 年 10—11 月：因辱骂警察而被监禁两次。

1605 年 5 月：因非法携带武器而被逮捕。

1605 年 7 月：有人举报他，因为女人的事情，用剑攻击了公证员马里亚诺·帕斯瓜罗内。

1605 年 9 月：因用石头打碎了普鲁坦西亚·布鲁纳家的窗户而被诉。

1605 年 10 月：因伤躺在医院里。他声称是自己搞成的这个样子，因为他跌倒在自己的剑上面。

1606 年 5 月 28 日：在一场网球比赛中与对方发生了口角，杀死了一个人。

## 杀害拉努乔

这里，我们详述一下他犯下的不可弥补的罪行，也就是我们先前已经提到过的那场悲剧。悲剧发生在一场老式的网球比赛中，在比赛的过程当中，爆发了一场普通的口角，并且像往常一样，争论的是无关紧要的事情：

1606- GRAVEMENTE FERITO ALLA TESTA
RANUCCI
MORTO ANTONIO DA BOLOGNA
FRATELLO DEL RANUCCI CAPO RIONE
SCAPPA


图 76

图 77

图 78

图 77　米兰，布雷拉美术馆

卡拉瓦乔，《在以马忤斯的晚餐》（1606），141 厘米 ×175 厘米

图 78　伦敦，国立美术馆

卡拉瓦乔，《在以马忤斯的晚餐》（1601—1602），141 厘米 ×196.2 厘米



卡拉瓦乔觉得对方已经得到的一分是无效的。不过，我们可以猜测到，之所以会发生冲突，并不简简单单地因为这一分，实际上是另有动机，而这个动机毫无疑问是有关政治的。比赛的双方分属于两个不同的派别：卡拉瓦乔和他的朋友们支持选举一名法国的主教成为下一任教皇；而相反，他们的对手们则支持西班牙的主教当选。而且，就在此前的几天时间里，城市里已经爆发了一些流血冲突，并且造成了许多人遇难。

在这场网球对抗中，卡拉瓦乔的直接对手就是拉努乔·托马索尼·达特尔尼，这个人的兄弟也参与到了这场口角当中，他同时还是支持西班牙派的这群人的头领。在场的所有人都拔出了剑，而卡拉瓦乔的头部被砍伤。卡拉瓦乔为了还击，把剑刺进了拉努乔的大腿，割断了他股骨上的动脉。拉努乔的呼吸开始变得十分微弱，最后因失血过多而死。卡拉瓦乔的同伴，安东尼奥·达·博洛尼亚同样被剑刺伤，最后也离开了人世。在发生骚乱之后，流着血的卡拉瓦乔被几个同伴抬走，送到了罗马城外的乡村里。在这里，他得到了科隆纳的保护，这个人是一名地位显赫的大主教亲王，同时也是支持法国派的人里非常有权威的代表人物。

亲王想方设法地把卡拉瓦乔藏了起来。

这名被追捕的画家在没有出庭的情况下遭到了起诉，并被判处了死刑。在藏起来的将近一年的时间里，他变成了专门为科隆纳服务的画家。他把全部时间都用在了绘画上，并完成了多幅作品：《在以马忤斯的晚餐》，这个主题他在 1601 年的时候就接触过，以及一幅《欣喜若狂的抹大拉的马利亚》，或许还有一幅《圣方济各》（1606 年 6—9 月）。1606 年 10 月，他从罗马的乡村转移到了那不勒斯，并一直处在大主教亲王的保护之下。（图 77、图 78）

图 79　维也纳，艺术史博物馆

卡拉瓦乔，《圣母玫瑰经》（1607），364.5 厘米 ×249.5 厘米

图 79

## 在那不勒斯：《圣母玫瑰经》



卡拉瓦乔为科隆纳家族奉献了一幅从各个角度来看都十分精彩的画作：《圣母玫瑰经》。

这幅作品的场景再一次地呈现在了像是剧场前半部分舞台的地方。

在画面的左侧，我们可以看到一根粗壮的柱子，上面缠绕着褶皱的幕布，看起来就像是舞台的侧幕。很明显，这个建筑的元素暗指的是他的保护者，也就是科隆纳家族。（译者注：在意大利语里，柱子 colonna 和科隆纳 Colonna 的写法一样。）

圣母马利亚出现在画面高处的位置。她的怀中抱着一个婴儿，这个婴儿正吃惊地观察着周围这些不幸的人。他们跪在地上，肮脏的脚掌朝着画面之外，充满了挑衅的意味。这幅画的购买者在画的左边，他穿着奢华的蜂窝纹刺绣的甲胄，看起来几乎要被人群压倒，随时都有可能被挤到画面之外去。在另一侧高处的地方，我们可以清晰地看到殉教者圣彼得，他把圣母马利亚指给那些推推搡搡的、吵闹的人。

每一个人都想要挤到圣母马利亚的身旁，向她寻求保佑。圣多明我和耶稣都站在一旁，吃惊地观察着马利亚。反过来，马利亚则用温柔的目光注视着他们。

他们看起来好像是处在那不勒斯的一座低矮的房屋当中。我们仿佛可以听到画中人物的喧嚣，当中还混杂着撞击和叫喊的声音。马利亚像一尊雕像一样，脸上的表情显得十分顺从。我们可以看到，在她下方，仿佛是在她的支持下，人们的手伸出来，汇聚成了一束巨大的花，他们的手掌就是张开的花瓣。

图 80　那不勒斯，仁慈教堂

卡拉瓦乔，《七件善事》（1607），390 厘米 ×260 厘米

图 80

## 《七件善事》

在同一时期，卡拉瓦乔还完成了另一幅伟大的作品，即《七件善事》。

我们可以看到，这幅画似乎依然是发生在那不勒斯一座低矮的房屋里面，但是它的场景显得更加开阔。

在这幅画里，卡拉瓦乔运用了一些希腊、罗马和希伯来神话中的人物，例如在沙漠中喝了上帝赠予他的水的参孙，这个古罗马人曾被囚禁，他的女儿用她涨满的乳房，隔着监狱的栏杆喂给她父亲自己的乳汁；以及圣马尔蒂诺，他把自己的外套裁成两半，送给了一个穷人；还有他们周围的那些人，展现的也都是关于仁慈的故事。

这些仁慈的举动都是在一个真正的集市里面发生的。救济者们在救济别人的时候，制造出了大量的喧哗，被救济的人也都处在混乱之中。因此我们可以看到，两个天使从高处向下俯冲，用他们张开的双臂和翅膀，保护着马利亚和她怀中的孩子不会坠落在下方的危险之中。

我们被这幅画深深地吸引着，不仅仅因为它展现的故事十分具有教育意义，同时他非常神奇地把混乱转化成了和谐，就好像是一场音乐会一样。你们可以尝试着想象一下在演奏巴赫的《托卡塔曲》和《赋格曲》的同时，用对位法配合上那切列·罗塞（一个那不勒斯很有名的音乐团体）的塔姆利亚塔舞蹈，这该是怎样的一种肢体、动作、颜色、光线和声音之间完美的平衡。

图 81　佛罗伦萨，皮蒂宫巴拉丁画廊

卡拉瓦乔，《马耳他骑士画像》（阿洛夫·德维尼亚克？）（1608—1609），118.5 厘米 ×95.5 厘米

图 81

## 在马耳他

1607 年的 7 月，卡拉瓦乔突然离开那不勒斯，登上了开往马耳他的航

船。在那里，耶路撒冷的圣约翰骑士团统治已久。究竟为什么会发生这次近乎是逃亡的离开呢？

现在这个时刻，讲述一段小插曲将极为有益。而对于这段插曲的真实性，不止一位研究者表示过严肃的质疑。

在逃亡前的几个月，画家仍旧处于被追捕的状态中，他被一队警察拦下，被误认作了一个著名的惯犯。

在被投入监狱后，卡拉瓦乔试图说服看守相信这是场误会："我是一位画家，我的资助人可以为我做证。"他们询问了他几个人名，但是卡拉瓦乔并不想牵扯进科隆纳家族。最后，监狱长忍不住说："那好吧。我们来看看你是不是真的是那位大师，还是个满口谎话的人。"

几乎是以讥笑的态度，他们给他备上了几块画布、画笔和颜料。"来吧：给我画幅肖像。画出点神奇来。"卡拉瓦乔直觉感到这个场面是为了让他无报酬作画，谁知道是受到哪位人士的委托。他必须"打稿"，参与这场游戏。

他希望能够通过一幅画来摆脱困境，相反却遭到了扣留，因为他此后画了第二幅，也许还有第三幅。在遭到这次事故之后，他成功逃了出来，也可能是他们使得他相信，他是凭借自己的力量逃脱出来的。

卡拉瓦乔曾经的一位保护人——女侯爵的一名后裔——将他从这个危险的境遇中拯救了出来。那些日子里，这位年轻人，法布里齐奥·斯福尔扎·科隆纳，正将他的帆船停靠在那不勒斯港口，于是他几乎是立刻起航。法布里齐奥·科隆纳是威尼斯骑士团的大修道长，在马耳他，他享有特权。毫无疑问，卡拉瓦乔从这段友谊中获益良多。

几乎所有的历史学家都向我们提供了同一个虚幻不定的异见，即卡拉瓦乔被带到马耳他是为了自己的一个愿望：他想要能够穿上镀金带十字的圣约翰骑士团的制服。

图 82 瓦莱塔（马耳他），骑士团圣施洗约翰礼拜堂

卡拉瓦乔，《被斩首的施洗约翰》（1608），361 厘米 ×520 厘米

图 82

## 《被斩首的施洗约翰》

卡拉瓦乔曾在马耳他绘制了一幅巨大的油画。就尺寸而言，这也许是他所有作品中最大的一幅。

与通常的浓重而又黑暗的背景不同，卡拉瓦乔选择了一面饰有石柱的宽阔拱形墙面作为背景。在场景的右侧，一扇装有格栅的大型窗户敞开着，在格栅后面两名囚犯探出头来。画面中的动作是在室外进行的，也许是在监狱的庭院中。画作的建筑背景是以赭石色及黄褐色绘制的。

从瘫倒在地的受害者圣约翰，到刽子手和他的助手，再到那两个妇人，

一个双手覆于脸上，另一个准备着去将斩下的头颅收于盆中：在第一种层次中，人物形象都位于拱形之内，占据了左侧画面的全部，并延伸超越了整幅画面的中心。场景中动作的展开也并不含有戏剧性的姿势及态度。每个人物在履行他自身的职责时，也都保持着专业性的疏离。施洗约翰已然被执行斩首，而刽子手也正在用剑割锯着他的身体。他的助手小心翼翼地跟随着他。在第二种层次中，一个妇人在不经意间流露出了惊恐之情。

两名从格栅间探出头来的囚犯，在我们看来，也许是被悲剧性地卷入这场行刑中仅有的两名观众。

如果我们试着把圣施洗者的身体换作一只被宰的山羊或是一头被宰的小牛，那么这场行刑的参与者（除却那两位囚犯）所做出的行为也许会更为相称：这样他们显而易见的漠然态度将更易为人所接受。

在这幅画中，我们仿佛置身于一种日落后夜晚的闷热之中。但更令人称奇的是那种寂静而又凝滞的氛围。背景泛黄的色调投映在了人物形象之上，而画面中至关重要的是其几何式的布局，这一点成为画作的标志：作品中部的拱形上叠置着一个由柱子支撑的拱形结构，与墙面右侧的大型窗户形成对比；然后是那个弯着腰托举起水盆的妇人所展开的双臂；最后还有那个将刀片推向圣施洗者脖颈的刽子手所伸出的臂膀。

这一切汇集而成了画面中几近寂静无声的气氛，传递出的感受即是一种无尽的等待。

## 在锡拉库萨

卡拉瓦乔从马耳他出发，去往了西西里岛。1608 年的 10 月，他登上了锡拉库萨的大地。

在罗马的那段时光里他结识了一个朋友，马里奥·明尼蒂。在这里，

图 83　锡拉库萨，贝罗摩宫国立博物馆

卡拉瓦乔，《圣露西娅的葬礼》（1608—1609），408 厘米 ×300 厘米

图 83

得益于他的帮助，卡拉瓦乔找到了工作：这是一份有关祭坛装饰屏的委托，绘画的主题是《圣露西娅的葬礼》。这幅作品的背景，如同在画家马耳他所绘的那幅巨作一般，依旧极为广阔，甚至使我们联想到了那刚好位于锡拉库萨西部形成“狄俄尼索斯之耳”的巨大岩面。半扇拱形从中间隔开了墙面，弯曲的线条沿着一个埋葬者的臂膀与下肢，垂向低处。在他面前，还有着另外一个埋葬者，这个埋葬者的动作仿佛是他前面这个同伴的镜像。最后，我们看到了一个巨大的字母S，在这个字母S下半部的半圆中躺着那个年轻女性基督徒的遗体。又一次，戏剧性的创作在天才的几何布局中得到体现，而好像也仅仅是那些伟大的大师才懂得如何去完成。

这个仰卧于地的少女，头部朝向侧面，脖颈上带着一道裂痕，她的葬礼带着一种惨淡悲戚的氛围。出于有意，带着不同时代的眼光，我们可以看到主教的白色尖顶头饰在画面的右侧耸立着。

## 被误认为恋童癖者

依然是在锡拉库萨，卡拉瓦乔遇到了另一个麻烦。他得到了一个委托，去绘制一幅孩童时期的《圣约翰》。

与往常一样，卡拉瓦乔开始寻找他的模特。在一片海滩上，他碰到了一群正在海岸边嬉戏的男孩。也许是他为他们打了几张草稿画，又或者是几张速写。

可以肯定的是，他试图与其攀谈，去说服他们中的某一个来接受为自己做模特。这时一个老师插手了，他粗鲁地拉远了他们。他怀疑这个外人是一个冒牌的画家，而且找上这些孩子也并非是为了给他们绘制肖像。事实上，卡拉瓦乔非常气愤，并且狠狠地攻击了对方，但同时他意识到自己

图 84

的行为是鲁莽的。（图 84）惨遭暴打的老师的朋友们立刻做出了反应。他们出发去追捕这位伦巴第画家，并且还带上了几个警察。为了逃脱追捕，卡拉瓦乔迅速登上了第一班驶向北方并会停靠于墨西拿的船只。

## 墨西拿：《拉撒路的复活》

在这里他很快得到了一个名为乔万·巴蒂斯塔·拉萨里的热那亚商人的雇用，他委托卡拉瓦乔为克罗齐非里教堂中的家族礼拜堂绘制《拉撒路的复活》。这是他第三大的油画作品。几乎在所有展现拉撒路惊人复活场

图 85　墨西拿，墨西拿美术馆

卡拉瓦乔，《拉撒路的复活》（1609），380 厘米 ×275 厘米

图 85

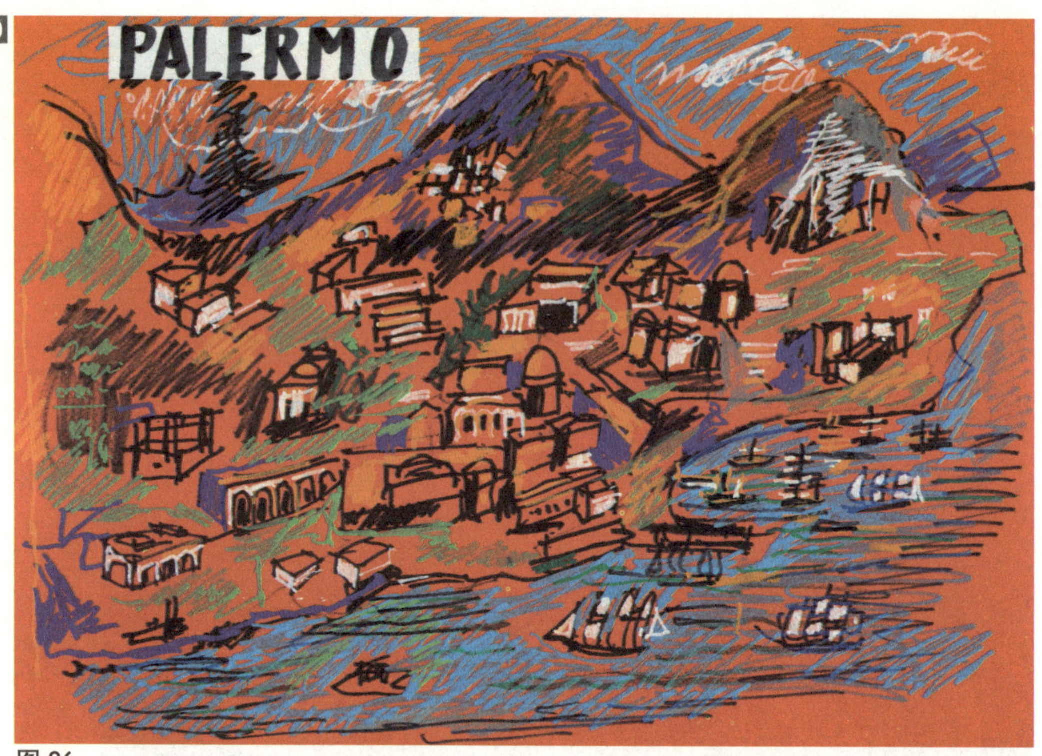


图 86

景的作品中，拉撒路都是以双脚着地走出墓穴的。在卡拉瓦乔这里，他却使其躺倒，由亲人怀抱支撑，其中包括圣母以及抹大拉的马利亚。

此外，基督需要知道拉撒路所在何方。他从后方的黑暗中出现，几乎隐藏了起来。正是光源将众多环绕于拉撒路周围的人物形象都覆盖住了。

由光线所描绘出的线条，使得观者尤其注意到两张面庞：拉撒路的面庞以及圣母的面庞，也即拉撒路的堂姐。圣母亲吻着拉撒路：是她向这位复活者的口中吹吸着，几乎为他带回了呼吸。

《拉撒路的复活》的绘制是于 1609 年完成的。卡拉瓦乔很快抛弃了墨西拿，奔向了巴勒莫，在那里他创作了一幅现已很遗憾地遗失了的《圣方济各与圣洛伦佐的诞生》。（图 86）

图 87　巴勒莫，圣洛伦佐教团礼拜堂
卡拉瓦乔，《圣方济各与圣洛伦佐的诞生》（1609）（已遗失），
268 厘米 ×197 厘米

图 87

图 88

同年，在 1609 年，这位来自伦巴第的米开朗基罗重新出发，去往了那不勒斯，在那里他重新开始了绘画。仅仅过了几天，卡拉瓦乔便受到了一群暴徒的攻击，他们将他一顿暴打。很明显，这是一群由那个惨遭暴打的老师派来的打手。（图 88）

人们认为这位画家注定要凋亡了，在那不勒斯的日报上也刊登了一条消息，消息中如是说道："伟大的画家，卡拉瓦乔，今日遭到杀害……"

但是，他又奇迹般地复活并出现了，很快又开始作画，尽管倍加艰辛。

他开始了也许是他最后的创作：《手提歌利亚头颅的大卫》（1609—1610），一个先前他曾创作过的主题《大卫与歌利亚》（1597—1598）。

为了绘制这幅油画，卡拉瓦乔被迫通过捆吊的方式将自己悬起，因为他无法做到保持直立的状态。这是一个会在航海中运用到的装置，它被视

图 89　马德里，普拉多国家美术馆

卡拉瓦乔，《大卫与歌利亚》（1597—1598），110 厘米 ×91 厘米

图 89

图 90　罗马，博尔盖塞美术馆

卡拉瓦乔，《手提歌利亚头颅的大卫》（1609—1610），125 厘米 ×101 厘米

图 90

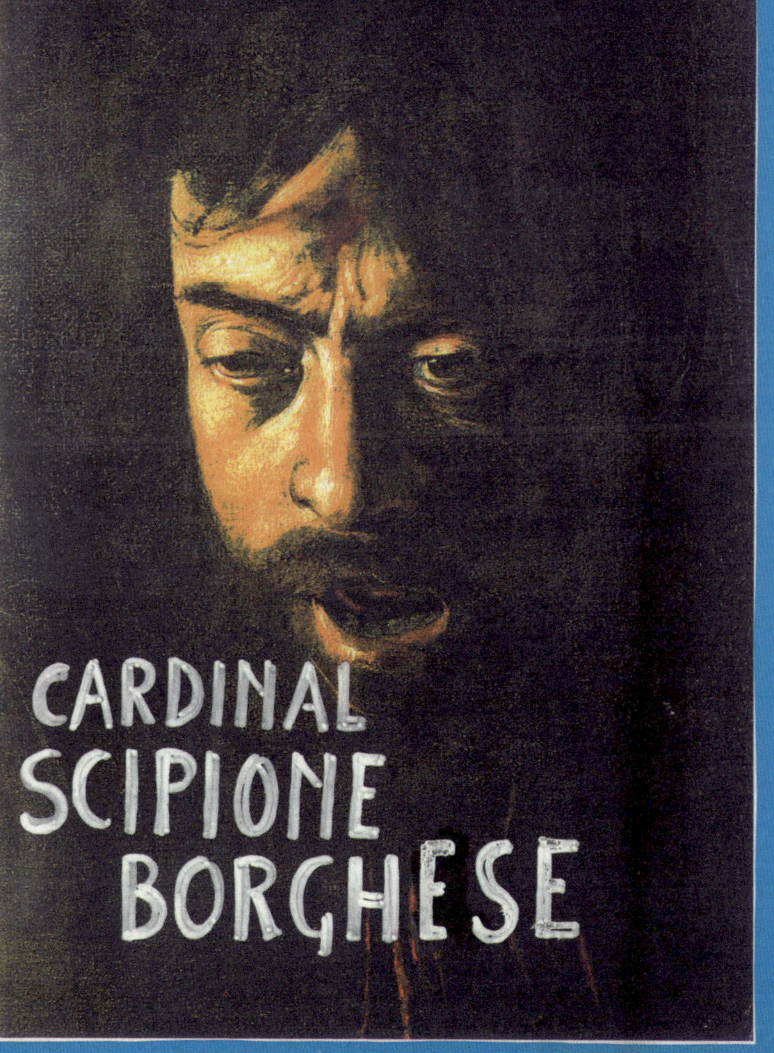
1609-10 AUTORITRATTO
INVIATO A PAOLO V
DAVIDE
CARDINAL
SCIPIONE
BORGHESE

图 91

为一种狡猾的智慧。修复船只及大规模船队的工人们会在工地中对这种装置加以使用，通过这种方式他们将自己顺着船的两侧吊起以悬置在空中，以便给船只捻缝。

大卫擎着歌利亚被砍下的首级。这位少年英雄未传递出任何的胜利姿态。相反，他的面庞是悲伤的，痛苦的。如果我们仔细观察的话，这张脸庞与卡拉瓦乔在其刚刚步入二十岁时在罗马所绘的一幅自画像惊人地相似，这一点几乎可以确认。

大卫伸开的胳膊将歌利亚的头颅展示于众，而它所展现的面容也并非是任意的，这副面容正是卡拉瓦乔本尊，通过自画像的方式展示出他在彼时的形容：这是他的脸，他的最后一幅自画像。消瘦憔悴的面庞，张开的嘴巴仿佛在无声地呐喊。头颅已被斩下，却在垂死的状态中尚存一息。

这并非是一幅受到委托的画作。卡拉瓦乔绘制了这幅画，是为了将其作为献礼献给教皇保禄五世。画家将这幅作品交予了红衣主教西皮奥内·博尔盖塞，想要让他将作品转交给它真正的收件者。随油画附上的还有一封信，信上写道："我将此画献上给您。这就是我，这就是我如今的状态。在这幅画中，您将看到我的苦难、我的痛苦、我的悲痛，这一切都是因为我为我的罪行感到绝望而悔恨。我所犯下的罪行，将我如数尽毁，而您也能在我的面庞上读到它们的痕迹。教皇陛下，如果您想要拯救我，请给予我宽恕，否则，我将如同我所献上给您的那个形象一样：成为一颗处于黑暗之中的头颅。"

而后，他如此结束道："我向您献上了绘制于同一块帆布之上的小卡拉瓦乔"——这是一种伦巴第式的表达方式，即"年轻时期的卡拉瓦乔"——"这便是他，依旧年轻、无邪、纯净，他向您奉上了他的生命。"在送出油画几天之后，卡拉瓦乔为后遗症所苦，登上了去往罗马的航船，得到消息称教皇似乎非常愿意宽恕他。但几乎就是在旅程终点的地方，卡拉瓦乔

图 92

病了。人们把他放在了赫拉克勒斯港的岸边，任其自生自灭。有人，也许是个渔民，出于善心将他转移到了海滩后方的一所小房子中。

但希望已然湮灭，他已回天乏术。

画家离开了人世。

在同一天，也许是在同一刻，教皇宽恕了米开朗基罗·达·卡拉瓦乔，并允许他“回到神圣之城生活，进行创作”。

这也许就是常言所谓的命运的嘲弄吧。（图 92）

## 谢幕

我的演讲就到这里。在结尾部分，我们为大家准备了一小段戏剧，它以卡拉瓦乔出生与成长的故乡——波河上游地区的传统戏剧为原型，讲述的是耶稣受难的故事，已经流传了数百年。

博罗梅奥主教曾大力推广圣经题材的宗教戏剧，卡拉瓦乔也曾为伪福音圣经故事而深深着迷。在这节选段中，我们能够感受到人物语言的细腻与深情，饱含对耶稣肉身受难的同情与悲悯。我的助手弗朗卡将用中世纪晚期时的伦巴第方言为大家朗读这段戏剧。

戏剧的开端是女合唱团的合唱，宣告圣母马利亚赶到各各他山。

为了阻止圣母马利亚见到被钉在十字架上的儿子，一个妇女不惜向她投掷石块。但出乎所有人意料，圣母马利亚不顾艰难险阻，终于还是抵达了各各他山。她绝望而痛苦地呼喊，乞求在场的人帮助她找梯子。她想爬上十字架，将濒死的儿子从十字架上解救下来。

十字架上的儿子则不断安抚她，劝她离开："我要死了，母亲，我很痛苦。"圣母马利亚待在原地，她痛苦得几近晕倒。这时一个士兵进场，他对圣母马利亚感到深切的同情。为了解除耶稣的痛苦，士兵递给马利亚一把长矛，让她刺向自己的儿子，只有这样才能减少耶稣的煎熬。

近乎发疯的马利亚眼前出现了幻觉，她仿佛看见大天使加百列显灵，向她报喜"我要怀上这个孩子"。"你只承诺我会成为圣母，但你却没告诉我，我的儿子会背负十字架，最后被钉死。"

与翁布里亚—托斯卡纳地区的戏剧传统一样，伦巴第戏剧中耶稣受难一段，马利亚对于耶稣受难、牺牲自己为世人赎罪的命运也表现出了抗拒与悲愤之情。

我们为戏剧朗诵配上了多幅绘画作品，希望能够通过对照的形式帮助大家理解。这些画作都出自卡拉瓦乔同时期的画家之手，他们中既有绘画大师，也有卡拉瓦乔的模仿者。

在戏剧场景中，被钉十字架的耶稣基督位于舞台正中央，背对观众。在场其他人则立于十字架之下，位置更靠近观众。

图 93　卡尔米尼亚诺（佛罗伦萨），圣米凯莱教堂
雅各布·卡尔杜齐，又称彭托莫（1494—1556），
《圣母往见》（1528—1529）

图 93

弗朗卡进入舞台，朗读戏剧台词。



## 十字架下的圣母马利亚

人物：

第一个妇女
第二个妇女
第三个妇女
第四个妇女
第五个妇女
第六个妇女
男女合唱团
马利亚
耶稣基督
士兵
其他士兵
大天使加百列

**第一个妇女**

*（面向十字架下的其他妇女匆匆跑来）*

你们快来阻止她！耶稣的母亲真福马利亚来啦。别让她看见十字架，她的儿子就像被扒了皮的小山羊，伤口血流如注。他浑身是血的样子就像春天融化了的雪山……这一根根大钉子深深扎进他的手上、脚上，连骨头也穿透了！

**合唱**

别让她看见！

*另一个妇女跑着进来。*

**第二个妇女**

根本阻挡不了她……她呼天抢地朝这边跑来，四个人都拦不住她……

**第三个妇女**

如果四个人不够，那就找五个人、六个人拦下她……她绝对不能来这里，绝对不能让她看到自己的儿子像橄榄树根被蚂蚁吞噬一样，被死死钉在十字架上！

**第四个妇女**

你们把他藏起来，至少把耶稣的脸盖上，这样他的母亲就认不出他……然后我们告诉她这个十字架上钉的是外乡人……总之肯定不是他儿子！

**第一个妇女**

我觉得即使我们用白布把耶稣全身都盖起来，他母亲也能认出他来……哪怕白布只露出耶稣的一根脚趾、一缕头发，马利亚也能立马认出来……因为是她创造了他，她是他的母亲……

**第五个妇女**

（气喘吁吁地跑来）

来了，来了！真福马利亚来了！用刀把她直接杀了也好过让她看见自己儿子受难！

**第六个妇女**

快给我一块石头，我直接把她打晕，这样她昏倒在地就看不到她儿子了！

马利亚进场。她的目光迅速地锁定十字架上的儿子。她悲痛欲绝，望着儿子竟说不出话来。其他妇女从她面前让开，退到了舞台的右侧。

**第一个妇女**

别说话，别动……唉，你们叫她真福马利亚，她其实多可怜啊……四根大钉子戳进儿子肉里，又反复敲打固定，连对毒蜥蜴和毒蝙蝠都下不去这种狠手！看到这副惨状，她还有什么幸福可言！

**第二个妇女**

安静……屏住呼吸，马利亚要撕心裂肺地号啕大哭……就好像七把刀把她的心都割开了！

图 94　那不勒斯，卡波迪蒙特国家博物馆

卡拉瓦乔，《耶稣受笞》（1607—1608），286 厘米 ×213 厘米

图 94

图 95　威尼斯，圣洛克大会堂

雅各布·罗布斯蒂，又称丁托列托（1518—1594），

《攀登各各他山》（1566—1567）

图 95

**第三个妇女**

她就静静地待着……什么也没说。让她至少哭一小会儿！让她叫喊，让她闹，至少能把堵在喉咙里的悲恸都爆发出来。

**第四个妇女**

你们听啊，内心波涛汹涌，但表面却是静默无声……别捂住耳朵。（走向马利亚）说话啊，说点什么，马利亚……哭吧，马利亚……噢，我求你了……（朝马利亚大吼，试图摇醒她，改变她可怕的沉默状态）说话，马利亚！

**马利亚**

（声若游丝）给我一把梯子……我要靠近我儿子……（她痛不欲生，缓慢地接近十字架，对儿子说）乖儿子……我面如死灰的孩子……你放心，妈妈这就去找你……他们把你折磨成这样（慢慢地提高了音量）……这些刽子手，混蛋，无耻之徒！（一边叫嚷一边四处跑，仿佛是在寻找下毒手的人）他对你们做什么了？我的孩子做了什么让你们对他如此恨之入骨，对他如此残忍！你们肯定会落到我手上，一个一个，我让你们血债血偿！就算让我跑遍全世界，我也要把你们找出来，你们这些卑鄙的禽兽！

**耶稣**

母亲……不要喊了，母亲……

**马利亚**

孩子，原谅我，原谅我大呼小叫……原谅我怒不可遏说出的鬼话……但看见你被钉十字架，赤身裸体，遍体鳞伤，奄奄一息……漂亮的手被钉穿……

还有脚……哦脚！脚上还一滴一滴地淌着血……这让我怎么能不痛心，怎么能不失去理智！你肯定也是痛不欲生！

**耶稣**

（艰难地开口）不，母亲……不用担心……我向你发誓……我现在不痛……我感受不到疼痛……回家吧，妈妈，求你了……回家吧……

**马利亚**

好，好……我们一起回家……我马上上去救你下来，把你从十字架上放下来……（做出攀爬梯子的动作）我会小心地把钉子拔出来……（转向周围的人）给我一把钳子……（绝望而迫切地）谁来帮帮我！

一名士兵入场。

**士兵**

哎，你站在梯子上干什么？谁准许你上去的？

**马利亚**

你们钉的是我儿子！我要把他救下来，带他回家……

**士兵**

回家？太早了吧！他还没晾晒好呢！圣母……好……这样吧，他一咽气我就吹口哨叫你过来，你就可以带着裹好的你亲爱的儿子回家了……满意了吗？现在赶紧下来。

图 96　布雷西亚，市立艺术与历史博物馆

吉罗拉莫·罗马诺，又称罗马尼诺（约 1484—约 1560），

《被钉十字架的耶稣与抹大拉的马利亚》（约 1543）

图 96

图 97　巴黎，卢浮宫

安德烈亚·曼特尼亚（约 1430—1506），

《耶稣受难》（1459—1460），圣泽诺三联祭坛画之一，局部

97

**马利亚**

不，我不下去！我不会留我儿子一个人在这里过夜……任他自生自灭！你们也不能强迫我下去……因为我是他母亲……我！是他妈妈！

**士兵**

好吧！耶稣亲爱的母亲，你让我失去耐心了！我会像摇晃苹果树一样把你从梯子上使劲晃下来，你想试试么？你会像熟透的梨一样"砰"的一声掉下来！

**马利亚**

（做出快速爬下梯子状）不，不……求你了……稍等一下我马上下来……你看我已经下来了……

**士兵**

你还算识相，圣母！别火冒三丈地盯着我，这个年轻人被钉十字架和我一点关系都没有！说我不同情你？说我看不到你眼中饱含悲痛欲绝的泪水？这是母亲绝望的眼泪！但我什么都不能做……我只是执行命令……我奉命处死你的儿子，否则，在十字架上被钉的就会是我了！

**马利亚**

（摘下耳环与手上佩戴的戒指）亲爱的士兵，心地善良的士兵，你拿着……我把金戒指和银耳环都送给你……作为交换我想请你帮我个忙……

**士兵**

什么事？

**马利亚**

让我用水和布擦掉我儿子身上的血……再湿润他饥渴干裂的嘴唇……

**士兵**

还有别的吗?

**马利亚**

我还想请你爬上梯子，把我这块披巾给他盖在肩上，让他在十字架上也好受一点……

**士兵**

哦，马利亚，你这是在害你挚爱的儿子，你想让他在十字架上多活几日，多承受几天这种切骨之痛。我要是你，我现在就让耶稣死!

**马利亚**

（自已低声呢喃）死……？！

我的儿子真的要死了吗？他的手会失去知觉，嘴巴不再张开……眼睛、头发都不会再动……（万念俱灰）他们欺骗了我！（望向天空，叫喊的声音越发凄厉）加百列，加百列……加百利……甜美善良的天使，罪魁祸首就是你！你！你欺骗了我！你语气温柔地告诉我，我将成为圣子之母，我将会比世上所有的女人都幸福、快乐！你看看我，你看看我现在生不如死的样子！我是世上最不幸的女人！但你，你从一开始向我报喜时你就知道，从我一开始怀上这个孩子时你就已经预知，我终将会有这么一天！什么圣母！我的孩子是万王之王，但他的手和脚却被钉在十字架上！

图 98

图 98　威尼斯，圣洛克大会堂

雅各布·罗布斯蒂，又称丁托列托（1518—1594），

《耶稣受难》（1565）

你为什么从来没向我透露哪怕一丁点?

你放心，我从没想过怀孕……我更没想过会经历今天这种场面！就算是圣父亲自前来，而不是化身白鸽，我也不会和他结合！

**耶稣**

（艰难地开口）母亲……痛苦让你失去理智了……（向在场其他人）兄弟姊妹，我请求你们，请把我母亲带回家……趁她还没有晕倒在地，把她带回家……

**男人**

走吧，马利亚，听你孩子的……让他安静一会儿吧。

**马利亚**

不，我不想走！原谅我……让我待在他身旁……我保证不再说一句圣父的坏话……不再埋怨任何人。好人们，帮帮我，让我待在这儿吧！

**耶稣**

（每次呼吸都发出费力的嘶哑声）我要死了，母亲……我很累……我要走了……每次呼吸都让我痛苦不堪……但看到你在下面，痛不欲生，我就无法安心离去……我就会更加痛苦。

**马利亚**

（低声祈求）别让我走！孩子，别让我走！（到达崩溃的边缘）我也想死，孩子，我也要死……（向在场其他人悲痛地呼喊）掐死我吧，然后把我埋葬在儿子旁边的一个小坟墓里！（向耶稣）我想死，孩子！我也要去死！

**士兵**

失去孩子的痛苦吞噬了圣母……这样吧：我们士兵就装作没看到……拿起这把长矛，用尽力气刺向耶稣的胸口，一直刺穿他的喉咙……他会立刻咽气。（马利亚晕倒在地）你怎么了？我都没碰你，你怎么倒了？

**男人**

她撑不住了，可怜的女人！

**第一个妇女**

让她躺平……别围在她周围，让她呼吸点新鲜空气……

**第二个妇女**

可怜的女人！

**马利亚**

（仿若在梦中）这个美丽的小伙子，你是谁？我好像见过你？

**第三个妇女**

她出现幻觉了！

**加百列**

我是加百列，神的天使……圣洁马利亚，我就是加百列，是我向你通报了你的受孕，给了你孤独而痛苦的爱。

图 99　布雷诺，卡木诺博物馆

吉罗拉莫·罗马诺，又称罗马尼诺（约 1484—约 1560），

《耶稣受难》（约 1545）

**图 99**

图 100　罗马，圣王路易堂

卡拉瓦乔，《圣马太与天使》（1602），局部

图 100

**马利亚**

（一开始气若游丝，声音逐渐增强）加百列……加百列……你还是张开翅膀回去吧，加百列……回到你美好快乐的天堂……你跟这里没有关系……在这肮脏的人间，在这痛苦的世上，你什么也做不了。

你走吧，加百列……别弄脏了你绚丽的翅膀。你没看到满地污秽，血流成河，到处是臭气熏天的粪便？

你走吧，加百列……别让我绝望的怒吼、痛哭与乞求脏了你尊贵的耳朵……

你走吧，加百列……别让流血的伤口和结了痂的伤疤脏了你明亮的双眼……

你没看到苍蝇蚊虫乱飞，病毒四散，死人衣不蔽体！

你并不习惯这些，加百列……在天堂里没有喧嚣，没有哭泣，没有战争，没有监狱，没有被绞死的人，更没有受伤害的女人！

没有饥饿，没有灾荒，没有衣衫褴褛，孩童没有悲伤，母亲也不会满面愁容……没有人需要为罪人赎罪！你快走吧，加百列！快走，加百列！（怒吼）现在就走！加百列！

在格里哥利教皇颂歌中灯光慢慢熄灭。

# 附录：卡拉瓦乔生平大事记



## 政治、地理、历史情况

意大利南部（包括西西里岛与撒丁岛）处于西班牙统治下。拉齐奥大区、马尔凯大区、博洛尼亚与费拉拉归教皇管辖。其他公国、小独立国：摩德纳、托斯卡纳、曼托瓦、热那亚、帕尔玛、米兰、萨沃伊、威尼斯共和国（领土范围从贝尔加莫到伊斯特拉半岛，再延伸至南斯拉夫海岸的大部分地区，包括希腊一些群岛）。

1563 年 特伦托会议召开，宗教改革运动开始。

1564 年 米开朗基罗去世，伽利略 · 伽利雷在比萨出生。

1565 年 约翰 · 加尔文在日内瓦去世，他是加尔文新教运动的创始人。
罗马，教皇庇护五世举行圣彼得大教堂落成仪式。

1570 年 英国的伊丽莎白被开除天主教教籍。之后，她独立创办了英格兰国教会并任教皇。
吉罗拉莫 · 卡尔达诺（1501—1576）的作品被判有罪，他被迫放弃教学，否认自己作品的科学性。

1571 年 约翰尼斯 · 开普勒在符腾堡出生，他发现了行星运动的三大定律。
勒班陀战役中，奥斯曼土耳其帝国残败。
米开朗基罗 · 梅里西在米兰出生。

1572 年 威廉 · 奥兰治领导了圣巴托罗缪起义（圣巴托罗缪大屠杀，即对胡格诺派的屠杀）。
教皇格里哥利十三世即位。

1574 年 亨利三世即位法国国王。

1576 年 威尼斯失去对塞浦路斯和地中海的霸权地位。亨利三世宣布法国全境信仰自由。
托尔夸托 · 塔索创作《被解放的耶路撒冷》。
在罗马，乔尔丹诺 · 布鲁诺宣布支持哥白尼的日心说。因被控谋杀，布鲁诺从罗马逃亡：他被指控杀害了一名修道士。

1577 年 米兰爆发瘟疫，米开朗基罗 · 梅里西一家被迫迁至卡拉瓦乔小镇。

1580 年 西班牙国王菲利波二世在西班牙王国统治地区（包括佛兰芒地区）对异端教徒进行大面积迫害，无法计数的异教徒被宗教裁判所处以火刑。

1584 年 卡洛 · 博罗梅奥在米兰去世。由其堂弟费德里科 · 博罗梅奥继任米兰教区大主教一职。

卡拉瓦乔拜画家西蒙 · 彼得扎诺为师，开始其绘画学徒生涯。

1585 年 在巴黎宫廷剧院，阿莱基诺（威尼斯戏剧中的仆人形象）第一次登上了舞台，为亨利三世与皇后表演。同年，莎士比亚的《哈姆雷特》在伦敦环球剧院首次上演。

教皇格里哥利十三世去世，西斯笃五世接任教皇。

1587 年 在伦敦，玛丽 · 斯图亚特被伊丽莎白送上断头台。

1588 年 英国舰队打败西班牙“无敌舰队”。

亨利三世下令暗杀吉斯公爵亨利与洛林主教纳瓦赫 · 亨利，这两位都是天主教狂热分子，主张残酷迫害和屠杀反对天主教的宗教改革人士。亨利三世也被多明我教会的修士所杀害。

1590 年 伽利略创作《重力运动》，成为整个天文学的奠基之作。

教皇西斯笃五世去世，之后的两任教皇都是上任不久就去世了。

第二年，教皇英诺森九世继任。

1591 年 教皇英诺森九世去世，接任者圣彼得 · 克雷芒八世教皇一直在任至 1605 年。

卡拉瓦乔迁居罗马。

1592 年 乔尔丹诺 · 布鲁诺被宗教裁判所裁决。

1593 年 胡格诺派首领亨利·波旁为了争取当国王，在圣丹尼主教堂宣誓脱离新教。

卡拉瓦乔进入卡瓦列雷 · 达尔皮诺（原名朱塞佩 · 切萨里）画室学画。

1594 年 亨利 · 波旁成为法国国王，更名亨利四世。法国重回教会管辖。

1595 年 卡拉瓦乔成为红衣主教弗朗切斯科 · 马里亚 · 德尔 · 蒙特的门客，受主教支持与庇护。

1598 年 教皇成功与两大主要王国（法兰西与西班牙）交好，并为两大王国的重修祈福赐圣。这对于教廷来说是莫大的成就。

亨利四世重新确立法兰西王国的思想与宗教自由（南特敕令），罗马教廷只能采取默许态度。

玛利·德·美第奇与亨利四世成婚。玛利·德·美第奇在法国历史上占有重要地位（有好有坏），她的生平为历史学家所记录。

西班牙国王菲利波二世去世。

1599 年 卡拉瓦乔接受委托，在圣王路易堂创作《圣马太故事》。

1600 年 天主教大赦。

乔尔丹诺·布鲁诺被处以死刑，在嘉年华最后一天被活活烧死。卡拉瓦乔也在火刑现场。

1603 年 卡拉瓦乔被诉诋毁乔瓦尼·巴廖内。

1604 年 卡拉瓦乔因故意伤害与滥用武器罪被逮捕。

1605 年 保禄五世当选教皇。

莎士比亚创作《李尔王》《麦克白》。

威尼斯拒绝宗教裁判所审判。

1606 年 保禄五世对威尼斯共和国发布绝罚令。

卡拉瓦乔争吵中杀死拉努乔·达·特尔尼，先是逃亡至科隆纳家族的封地扎加罗洛，后逃至那不勒斯。

1607 年 卡拉瓦乔逃至马耳他，随后于 1608 年来到锡拉库萨。

1609 年 开普勒发表《新天文学》。

卡拉瓦乔在墨西拿、巴勒莫、那不勒斯一带活动，遭到袭击并受伤。

1610 年 亨利四世被暗杀。

卡拉瓦乔得到教皇赦免，但于 7 月 18 日在圣赫拉克勒斯港去世。

## 达里奥·福聊绘画大师

达里奥·福（Dario Fo）是20世纪最具影响力的剧作家之一，是诺贝尔文学奖获得者。他是一位全才型的艺术家，集编剧、导演和表演于一身，又擅长歌唱、器乐、舞蹈、服装设计甚至绘画。《达里奥·福聊绘画大师》丛书即体现了达里奥·福对绘画艺术的热爱。本丛书目前共有三册，每一册介绍和解读一位赫赫有名的绘画大师，分别是拉斐尔、达·芬奇、卡拉瓦乔。达里奥·福以讲故事的方式将大师的生平和创作娓娓道来，内容翔实、感情饱满、言语机敏。更有趣的是，对于文字叙述的内容，达里奥·福还用亲手画的插画和大师的伟大画作进行了呈现和补充。本丛书显示出达里奥·福对艺术史严谨而不流俗的观点，让你看到绘画大师不同寻常的一面。